운명이 건네는 호의, FAVOR

운명이
건네는
호의,
FAVOR

FAVOR

불안을 통해 운의 흐름을 타는 방법

— 이서윤·홍주연 지음

White Ocean

목차

Part 2. 지금 당신이 불안하다면

Part 3. 자기 자신을 알기 위한 여행

Part 4. 함정에 빠지지 않으려면

Part 5. 더 나은 나를 향하여

Part 6. 그릇을 키우려면

Part 7. 길을 발견하다

탁자 위에 산더미처럼 쌓여 있는 서류 더미를 보자마자 지혁의 입에서 한숨이 절로 나왔다.

'아니, 고작 인구 5만 명도 안 되는 시골에 웬 사건사고가 이렇게 많아.'

13년 차 검사인 지혁은 몇 달 전 강원도의 한 지청으로 발령받았다. 서울대 법학과를 졸업하고 사법고시에 합격한 뒤 승승장구하며 서울중앙지검 특수부에서 굵직굵직한 경제 사건을 도맡아 하던 그가 부장 검사 승진을 코앞에 두고 졸지에 미끄러진 것이었다.

"휴우…… 도대체 언제까지 이 촌구석에 처박혀 있어야 하는 거야."

답답함이 목구멍까지 차올랐다. 지혁은 저도 모르게 넥타이를 느슨하게 끌어내렸다. 그때 여직원이 우편물을 한가득 들고 와 책상 위에 올려놓고 갔다. 문득 편지 더미 사이에서 삐쭉 튀어나온 커다란 봉투 하나가 시선을 끌었다. 무심하게 손을 뻗어 봉투를 열어 보니 정성스럽게 포장된 책 한 권이 나왔다.

지혁은 초대장 봉투를 열어 보았다. 초대장 커버에는 처음 보는 라틴어 문구가 적혀있었다.

「*Dum spiro spero*(둠 스피로 스페로).」

'웬 라틴어? 혹시 누가 나 물먹이려고 돈 봉투 같은 걸 넣어서 보낸 건 아니겠지?'

의심스러운 눈으로 봉투와 책을 탈탈 털어 보고 앞뒤로 살펴보아도 초대장과 책, 그뿐이었다. 괜히 김이 빠진 지혁은 책을 소파 한구석에 던져 놓고 다시 서류 더미로 고개를 돌렸다. 조합장 선거에서 상대방 후보를 비리로 고소하거나, 동네 주민들끼리 실랑이를 벌이다 작은 시비에 휘말린 사건 등이 그의 앞에 놓여있었다. 수천억 원, 수조 원이 걸린 대형 경제 사건만 맡던 지혁의 눈에는 너무도 사소한 일들이었다.

'아, 답답하다. 내년에도 이러고 있으면 어떡하지? 부장

검사도 못 되고 계속 지방으로만 돌면 서울에서 잊히는 것
은 시간문제인데…… 내가 이러려고 검사가 된 게 아니잖
아.'

솔직히 말해 억울한 마음도 들었다.

'동기 중에 내가 제일 잘나갔는데…… 특수부 경력만 5
년이 넘었고, 내가 맡은 사건들이 얼마나 언론을 많이 탔
어? 이제 한두 해만 잘 버티면 부장 검사로 승진할 타이밍
인데 이 모양으로 미끄러지다니, 왜 나만 이렇게 운이 안
좋은 거야?'

지혁은 저도 모르게 주먹을 불끈 쥐었다. 그때 불현듯
구석에 던져 놓았던 책이 눈에 들어왔다. 갑자기 아까 초
대장 커버에서 봤던 라틴어 문구가 생각났다. 지혁은 핸드
폰을 들고 검색을 해봤다.

'어디 보자……. While I breathe, I hope. 숨 쉬는 동안
희망이 있다? 흠…… 기분 전환이나 할 겸 조금만 읽어 볼
까?'

지혁은 아무렇게나 책을 펼쳐 들고 의자에 몸을 파묻었
다. 그는 눈앞에 쌓인 서류뭉치들을 잊어버린 채 어느새
책에 빠져들고 있었다.

그렇게 꼼짝도 않고 한 권을 다 읽은 후 고개를 들어 보

니 창밖에는 어스름히 어둠이 깔려 있었다. 앞부분만 읽을 요량으로 책을 펼쳤지만 마지막 장을 덮고 나서야 책을 손에서 내려놓을 수 있었다. 지혁은 약간은 상기된 얼굴로 동봉된 초대장을 집어 들었다. 갑자기 그 초대장이 미지의 세계로 통하는 문의 열쇠처럼 느껴졌다. 마음속에서 작은 불꽃 같은 것이 피어나는 듯도 했다.

'이게 바로 희망이란 건가.'

지혁은 잠시 망설였다. 평소 그는 사람을 가려서 사귀었다. 상대에게 얻을 수 있는 것을 철저히 계산했고, 필요에 의해서만 사람들을 만났다. 그러나 오늘은 달랐다. 이해득실을 따지지 않고 이 초대에는 반드시 응해야 할 것 같다는 확신이 들었다.

'이렇게 강한 육감이 들 때는 그걸 따르는 것이 맞아. 그래, 한번 가 보자.'

지혁은 초대장 하단에 있는 QR 코드를 찍고 '참석' 버튼을 눌렀다.

───◆───

띠리리링.

오전 6시. 알람이 울리자 호정은 더듬더듬 손을 뻗어 알람 버튼을 껐다. 간밤에 잠을 제대로 못 자서인지 온몸이 물먹은 솜처럼 무거웠다. 대학병원 내과 교수인 호정은 보통 아침에 눈을 뜨면 그날의 진료 일정을 가장 먼저 떠올리곤 했다. 하지만 오늘은 달랐다. 어제 폭탄선언을 한 딸 지우의 얼굴이 가장 먼저 떠올랐다.

'아, 맞다…… 어젯밤에 지우가 갑자기 자퇴하겠다고 선언했지. 심란해서 새벽 3시까지 엎치락뒤치락했는데…….'

아직 눈도 제대로 못 뜰 정도로 비몽사몽이면서도 지우의 말이 머릿속에서 맴돌았다.

"엄마, 나 자퇴할래. 검정고시 봐서 정시로 대학 가려고. 꼼꼼하게 내신 준비하는 것은 나랑 안 맞는 것 같아. 그냥 수능 준비에 올인하는 편이 낫겠어."

딸은 태연히 말했지만, 호정의 가슴은 철렁 내려앉는 것만 같았다. 갑자기 자퇴라니…… 청천벽력 같은 말이었다.

"지우야, 우리 다시 생각해 보자. 내신이 부담되면 전학을 가도 되고…… 그러면 학교 다니면서 수능 준비할 수 있잖아."

절박한 호정의 말에도 지우는 입을 굳게 다물고 도리질만 칠 뿐이었다.

'자퇴를 하고 검정고시를 본다니…… 그냥 공부하기 싫어서 핑계 대는 거 아냐? 아빠도 집에 없는데 내가 일한다고 밖으로만 돌아서 이렇게 된 건가…… 저러다 애가 엇나가기라도 하면 어쩌지? 그럼 인생 망치는 건데…….'

상상하고 싶지 않은 장면들이 자꾸만 눈앞에 떠올랐다. 평생 모범생으로만 살아온 호정에게 '자퇴'라는 말은 두려움 그 자체였다. 생각해 보면 다 자신 탓인 것 같기도 했다.

몇 년 전 호정은 남편과의 결혼 생활에 종지부를 찍었다. 그저 사람만 좋았던 남편은 의사 아내를 믿어서인지 자꾸만 금전적인 사고를 쳐댔다. 몇 번이나 갚아 주기를 반복했지만, 끝이 없었다. 결국 지칠 대로 지친 호정은 이혼을 결정했다. 그러면서 혼자서라도 지우를 남부럽지 않게 키우겠다고 결심했다.

다행히 지우는 아빠 없이 사춘기를 보내면서도 그 흔한 반항 한 번 한 적이 없었다. 그런데 갑자기 자퇴라니. 생각만 해도 속에서 불덩이가 올라오는 것 같았다. 호정은 침대에서 벌떡 일어나 고개를 세차게 흔들었다.

'안 돼, 안 돼, 절대로 안 돼.'

그때 핸드폰에서 이메일 도착을 알리는 진동이 울렸다. 무의식중에 손을 뻗어 화면을 열었다.

「다음 주 모임에 대한 전달 사항을 알려 드리겠습니다.」

몇 주 전 호정은 책과 초대장을 받았다. 이미 여러 번 읽을 정도로 좋아하는 책이었기 때문에 호정은 기쁜 마음으로 참석하겠다고 회신을 보냈다.

'응? 모임에서 이야기해 보고 싶은 주제에 대해 미리 보내달라고?'

호정은 곰곰이 생각해 보았다. 무엇을 써야 하나…… 지금 머릿속을 꽉 채운 불안, 이것 말고 다른 것은 떠오르지 않았다.

'그래, 지금 내 마음에 대해 솔직하게 써보자. 이 불안을 어떻게 해야 하는지…….'

호정은 침대 모서리에 걸터앉은 채 핸드폰을 들고 곧바로 메일을 써 나갔다.

———————◆———————

상우의 차는 어느덧 경기도에 진입하고 있었다. 게임 업체 CEO인 그의 머릿속은 지금 개발 중인 게임 생각으로 꽉 차 있었다.

'이 정도 완성도로는 어림없는데 일정을 미뤄야 하나? 출시가 연기되면 투자자나 유저들이 난리가 날 텐데. 그렇다고 이대로 출시할 수도 없고…… 진짜 미치겠네.'

그는 운전대를 쥐지 않은 손으로 머리를 헤집으며 몇 년 전 일들을 떠올렸다. 7년 전 출시한 게임이 대성공을 거두었고 그에 힘입어 야심 차게 후속작을 내놓았다. 그러나 결과는 대폭망. 글자 그대로 크게, 폭삭 망했다. 오랜 기간 준비해 출시한 게임이 유저들에게 외면당하고 얼마나 힘들었던가.

'직원들 월급 줄 돈도 곧 바닥날 텐데…… 대출도 이미 최대한도로 받아서 더 이상 돈 빌릴 데도 없고. 이러다 나도 상협이 형처럼 되면 어쩌지? 닷컴버블 때 회사가 망하면서 고소당해 감옥까지 갔다 왔잖아. 그 형, 지금 어디 가서 뭐 하는지 아무도 모르는데…… 재수 없으면 나도 그렇게 되는 거 아냐?'

생각만 해도 불안해서 미칠 것 같았다. 온몸의 피가 바짝바짝 마르는 기분도 들었다. 상우의 손이 셔츠의 넥밴드를 끌어내렸다.

'극단적인 생각까지 하는 사람들…… 이해할 수 있을 것 같아.'

상우의 차가 도착한 곳은 가평의 한 별장이었다. 답답한 나머지 대학 선배인 진영에게 조언을 구하러 온 참이었다. 성공한 사업가인 진영은 이곳에서 여유로운 시간을 즐기며 후배들에게 멘토링을 해 주고 있다.

상우는 대문 앞에서 짧게 한숨을 쉰 뒤 벨을 눌렀다.

"형, 저예요. 상우."

대문이 맑은 소리를 내며 열렸다. 상우는 널따란 마당을 가로질러 별장 현관에 이르렀다. 여유로운 표정의 진영이 문을 열고 상우를 반겨 주었다.

"오랜만이다. 어떻게 지냈냐?"

예의상이라도 반갑게 인사를 해야 하는데 목소리조차 밝게 낼 수가 없었다. 상우는 가까스로 미소 비슷한 것을 지으며 진영을 쳐다보았다. 근황을 나눌 새도 없이 속에 있는 말을 바로 꺼냈다.

"솔직히 말씀드려서…… 상황이 안 좋아요. 게임 완성도에 자신이 없거든요. 그렇다고 출시 일정을 미루자니 당장 현금이 말라버릴 것 같고. 이러다가 진짜 어떻게 될지 모르겠어요."

상우의 목소리가 점점 가라앉고 있었다. 잠시 상우를 물끄러미 바라보던 진영이 말없이 서재로 들어가더니 책 한

권을 들고나왔다.

"한번 읽어 봐라. 지금 너에게 도움이 될 거야."

몇 주가 지난 지금, 상우의 손에는 진영에게 선물 받은 바로 그 책과 초대장이 들려 있었다.

'이 책이 어떻게 내 손에 또 들어온 거지?'

얼떨떨하면서도 기분이 좋았다.

'숨 쉬는 동안 희망이 있다…… 지금 이 시기 나에게 꼭 필요한 말이네.'

상우의 심장이 살짝 두근거리기 시작했다. 그는 초대장을 앞, 뒤로 돌려 보면서 흐뭇한 상상을 했다.

'최근 들어 불운만 계속 겹친다고 생각했는데 그게 아니었나 봐…… 혹시 운이 바닥을 치고 이제 올라가려고 하는 건가?'

상우는 바로 핸드폰을 열고 '참석' 회신을 보냈다.

Part I

운의 원리

1

비밀모임

✳

드디어 첫 모임 날짜가 다가왔다. 호정은 두근거리는 가슴을 안고 모임 장소에 도착했다. 커다란 유리문에 그녀의 모습이 비쳤다. 호정은 습관적으로 옷매무새를 가다듬고 작게 심호흡을 했다.

"후우……."

조심스레 유리문을 열고 들어간 곳은 갤러리였다. 경쾌한 추상화들이 걸린 하얀 벽들을 지나자 소파가 놓인 아늑하고 넓은 공간이 나왔다. 고개를 돌려 보니 먼저 도착해 자리에 앉아 있는 누군가의 뒷모습이 보였다.

'일찍 온 분이 있구나. 누구지?'

호정이 들어오는 소리에 앉아 있던 남자가 자리에서 일어났다. 40대 중반, 큰 키에 호리호리한 체형, 깔끔한 외모의 남성이었다.

'오늘 멤버 중 한 명인가 보네. 스마트해 보이는데……뭐 하는 사람이려나?'

맞은편에 서 있는 지혁도 호정을 보며 추리하기 시작했다. 10년 가까이 검사로 일하면서 살인범부터 대기업 총수까지 다 만나 본 그였다.

'흠, 우리 쪽 직업은 아닐 거 같고…… 지적이고 차분한 분위기니까, 교수나 의사 같은데?'

"안녕하세요? 남호정입니다."

호정이 단정한 몸짓으로 예의 바르게 인사하며 명함을 건넸다.

"안녕하세요, 처음 뵙겠습니다."

명함을 받아 든 지혁은 만족스러운 듯 살짝 고개를 끄덕였다.

'아, 대학병원 내과 교수구나. 역시! 내 촉, 아직 죽지 않았군.'

그때 리듬감 있는 구둣발 소리가 들려왔다. 호정과 지혁의 시선이 문 쪽을 향했다. 큰 키에 커트 머리, 남색 바지 정장을 입은 여성이 검은색 가방을 들고 씩씩하게 들어왔다.

"안녕하세요, 신재연입니다. 잘 부탁드립니다."

그녀는 들어오자마자 호정과 지혁에게 인사하며 명함을 건네주었다. 이번에는 지혁이 재연의 명함을 받아 들고 질문을 던졌다.

"아, 공학 박사시네요. ST전자에서 어떤 쪽 일을 하시는지요?"

"네, AI 관련된 일을 하는데요. 제가 챗GPT와 비슷한 분야를 전공했거든요."

호정과 지혁, 재연 세 사람이 인사를 나누고 있는 사이 또다시 누군가 걸어 들어오는 소리가 들렸다. 이번에는 카키색 카디건에 베이지색 면바지를 입은 남성이었다. 무심결에 남자의 얼굴을 바라본 호정은 단번에 그 남자를 알아볼 수 있었다.

'일타강사 원, 인, 재!'

인재는 '사탐 사대천황' 중 한 명으로 학부모들 사이에서 유명한 강사였다. 고등학생 자녀를 둔 호정이 그를 모를 리 없었다.

'원인재라니…… 생각지도 못한 멤버인데? 오늘 모임이 어떻게 전개될지 벌써 기대가 되는 걸.'

호정의 심장이 기대감에 조금씩 빨리 뛰기 시작했다.

인재가 도착하자 사람들 앞에 서류봉투가 하나씩 놓였다.

"이메일로 보내 드렸던 비밀 유지 서약서입니다. 모임 구성원이 누군지를 포함, 이곳에서 나눈 모든 이야기는 비밀로 해 달라는 내용입니다."

호정이 주최 측의 설명을 듣고 있는데 옆에서 누군가 슥슥 경쾌하게 사인하는 소리가 들렸다. 일타강사 원인재였다.

"여기 있습니다. 솔직히 이런 절차가 있어서 크게 안심했습니다."

왠지 그 경쾌한 행동에 믿음이 갔다. 호정을 비롯한 참석자들도 서명을 했다. 그러던 중 그리 크지 않은 키에 다부진 체형을 지닌 남자 한 명이 도착했다. 새로 도착한 인물을 본 지혁은 또 머릿속으로 그가 누구일지 추리하기 시작했다.

'덥수룩한 헤어스타일에 편안한 옷차림…… 그런데 눈빛이 날카로운 걸 보니 혹시 IT 쪽인가?'

자리에 도착한 남자가 진중하고 낮은 목소리로 자신을 소개했다.

"안녕하세요. 진상우라고 합니다. 게임 회사를 운영하고 있습니다."

상우의 자기소개에 인재가 반색하며 인사했다.

"아! 저 게임 좋아합니다. 혹시 어떤 게임을 개발하셨는
지……."

인재의 질문에 상우가 얼굴을 매만지며 쑥스러운 듯 미
소를 지었다.

"혹시 '다크 킹덤' 아십니까?"

인재는 자신도 모르게 아이처럼 탄성을 질렀다.

"우와, 제 최애 게임인데요!"

인재의 말을 들은 상우의 표정이 눈에 띄게 밝아졌다. 다
소 긴장한 듯 상기되었던 얼굴이 조금 풀리는 것도 같았다.

한편 지혁은 두 손을 오른쪽 무릎에 올린 채 깍지를 끼
고 앉아 사람들의 이름과 직업을 다시 한 번 복기하고 있
었다.

'처음 만난 남호정 교수는 대학병원에 있다고 했고, 그
다음에 도착한 신재연 박사는 대기업 임원, 일타강사 원인
재와 게임 회사 창업자 진상우 씨, 그리고 검사인 나까지.
정말 다양한 일을 하는 사람들이 한자리에 모였네. 음, 흥
미로운데?'

2

초대장을 보낸 사람

✳

　상우가 도착하고 참석자들은 다시 한 번 간단한 자기소개를 했다.

　'차분하고 푸근한 느낌의 교수님이시네. 인상 좋으시다.'

　주변을 이리저리 둘러보던 재연은 호정을 슬쩍 보고는 먼저 말을 걸어 보았다.

　"교수님은 어떻게 여기 오시게 되셨나요? 혹시 저처럼 초대장을 받으신 건지……."

　어색하게 앉아 있던 호정은 먼저 말을 걸어 주는 재연이 내심 반가웠다.

　"네. 사실 저는 책만 읽었지, 선생님을 개인적으로 뵌 적은 없어요. 그래서 초대장을 받고 너무 놀랐거든요. 매일 병원과 집만 왔다 갔다 해서 새로운 사람을 만난 일도 없는데, 어떻게 이런 기회가 온 건지 저도 잘 모르겠어요."

그러자 재연이 눈을 동그랗게 뜨며 반문했다.

"아, 저도 작가님과 개인적인 인연은 없어요. 그래서 다른 분들은 작가님을 아실 거라고 생각했거든요."

이번에는 둘의 대화를 듣고 있던 인재가 입을 열었다.

"솔직히 말씀드리자면 저는 책도 이번에 처음 읽었습니다."

그러자 상우도 당황스럽다는 표정을 지으며 거들었다.

"저도 아는 선배에게 선생님에 대해 들었을 뿐 실제로 만난 적은 없습니다. 그럼 직접적으로 친분이 있는 분은 안 계신 것 같고…… 우리가 어떻게 초대받게 되었는지 궁금해지네요."

참석자들이 알 수 없다는 표정으로 서로를 바라보았다.

'어떤 작가의 초대장을 받고 미지의 모임에 참석했다. 거기에 모인 사람들은 아무도 그 작가를 만난 적이 없다? 뭐야, 이거. 추리소설 도입부도 아니고.'

좀 떨어진 곳에서 혼자 생각에 잠겨 있던 지혁이 자신도 모르게 피식 웃음을 지었다.

그때 문이 열리며 누군가의 발소리가 들렸다. 그 순간 누가 시킨 것도 아닌데 사람들은 일제히 말을 멈추고 소리가 들리는 방향을 바라봤다.

무릎길이의 검정 원피스를 입은 여성이 라운지 안쪽으로 걸어오고 있었다. 아무도 말하지 않았지만 모두들 누군지 직감하는 분위기였다. 설레기도 어색하기도 한 짧은 순간이 지나고 어느새 책 커버 속에서 보던 그 여성이 부드러운 미소를 띤 채 사람들 앞에 서 있었다.

"안녕하세요, 이서윤입니다."

초대장을 보낸 주인공이 나타나자 산들바람이 인 연못 물처럼 분위기가 일렁거렸다.

특히 호정은 보자마자 어쩐지 반가운 마음이 앞섰다.

'꼭 한번 만나고 싶다고 생각했는데…… 이렇게 만나게 되는구나.'

한편 지혁은 흥미로운 눈길로 서윤을 바라봤다.

'10년 넘게 검사로 일하면서 온갖 사람들을 다 접해 봤는데 저 작가 선생은 좀 다르군. 독특한 아우라가 있어.'

이번에도 재연이 서윤에게 먼저 다가가 서글서글하게 인사를 건넸다.

"선생님, 만나 뵙고 싶었습니다."

"안녕하세요. 저도 반가워요."

서윤이 환하게 웃으며 재연에게 화답했다. 그러자 옆에 서 있던 인재가 얼른 한마디 보탰다.

"작가님, 저도 팬입니다. 책도 잘 읽었습니다."

"원인재 선생님이 제 책을 다 보시고…… 영광인데요? 저도 선생님 팬이에요."

'앗, 나를 안다고?'

서윤의 말을 들은 인재는 속으로 왠지 우쭐해졌다.

사람들과 서윤이 인사를 나누는 모습을 보며 지혁은 망설이고 있었다.

'한마디 해야 할 것 같은데 뭐라고 해야 할지를 모르겠네. 난 원래 책도 잘 안 읽는 사람인데……'

지혁이 그답지 않게 잠시 우물쭈물할 때였다. 모자를 눌러쓰고 검은 뿔테 안경을 낀 남성 한 명이 성큼성큼 걸어들어왔다. 잘 보이지 않았지만 꽤 익숙한 얼굴, 영화배우 윤산이었다.

"늦어서 죄송합니다."

목소리 좋기로 유명한 배우답게 듣기 좋은 저음이 갤러리 안에 깊게 울려 퍼졌다.

"아니에요. 이렇게 뵙게 되어 반갑습니다. 잘 와 주셨어요."

다정하게 답한 서윤이 사람들을 천천히 둘러보며 말했다.

"그럼 이제 오늘 멤버가 다 모였네요."

그녀의 말대로 자리가 모두 채워졌다.

인재는 산을 곁눈질로 보며 궁금함에 눈을 빛냈다.

'요즘 뜸하긴 했어도 윤산이면 탑 레벨인데…… 멤버가 정말 다양하네. 나는 또 어떻게 초대받은 거고?'

결국 궁금증을 참지 못한 인재가 먼저 질문했다.

"작가님, 실례가 안 된다면 이 모임이 어떻게 만들어진 것인지 여쭤봐도 될까요?"

기다렸다는 듯이 재연도 한마디 거들었다.

"네, 저도 궁금했어요. 미국에서도 비슷한 모임을 하셨다고 들었거든요."

서윤이 미소를 지으며 대답했다.

"네, 맞아요. 국내에선 이런 모임이 몇 년 만이에요. 그사이 코로나도 있었고 이래저래 일들이 많았죠. 지금까진 제 오래된 고객들을 중심으로 운을 공부하는 모임을 가지곤 했는데 여러 생각 끝에 이번에는 모임의 성격에 맞을 만한 분들을 직접 초대해 봤어요. 참석하시는 분들의 나이도 이전보다 젊어지게 되었고요."

3

생각이 운명이 된다

✳

"오늘 저도 여러 가지 말씀을 드리겠지만 여러분도 편안하게 의견을 나눠 주셨으면 해요. 각자의 생각들이 서로에게 도움이 되는 부분들이 분명히 있을 테니까요. 저도 여러분이 공유해 주시는 경험과 생각을 통해 많이 배우고 싶어요."

서윤이 사람들과 눈을 맞추며 이야기하자 다소 긴장한 듯 보였던 사람들의 표정도 조금씩 편안해졌다.

참석자들 앞에는 그윽한 향기를 풍기는 커피와 물이 놓였다.

먼저 인재가 말문을 열었다.

"아, 그렇게 말씀해 주시니 마음이 편해집니다. 사실 이런 모임은 처음이고 무슨 말을 해야 할지 몰라 조금 걱정이 됐거든요. 그럼 이 모임이 17세기 프랑스의 살롱과 비슷하다고 생각하면 되겠습니까? 작가님의 인사이트도 듣고 서로 편하게 의견도 교환하는……."

사탐 강사다운 인재의 표현에 상우가 씩 웃으며 기분 좋게 맞장구를 쳤다.

"살롱, 좋은 표현 같습니다. 제 경험이 다른 분들에게 도움이 될지는 모르겠으나 열심히 참여해 보겠습니다!"

상우가 씩씩하게 말하자 다른 참석자들도 웃음을 띤 채 서로를 바라봤다. 서윤 또한 미소를 지으며 고개를 끄덕였다.

살짝 분위기가 들뜬 가운데 호정이 머뭇거리며 입을 열었다.

"선생님, 조심스러운 질문인데요…… 제가 어떻게 이 자리에 초대받은 건지 궁금합니다."

다른 사람들도 호기심이 가득한 눈빛으로 일제히 서윤을 바라보았다. 그녀는 사람들을 천천히 둘러보더니 입가에 은은한 미소를 띠며 대답했다.

"우선은 추천에 의해서라는 것만 밝혀 둘게요. 자세한

내용은 나중에 차차 말씀드릴 수 있을 거예요."

서윤의 말을 듣자마자 사람들이 저마다 바쁘게 기억을 더듬기 시작했다.

'추천이라고? 몇 년 동안 사람을 거의 안 만났는데, 설마 전 기획사 사장은 아닐 테고……'

산은 뚱한 표정으로 턱을 괴고 생각에 잠겼다.

'누구지? 환자들 중 한 명인가? 아니면 동료 교수?'

호정도 궁금하기는 마찬가지였다. 하지만 여전히 감조차 잡을 수가 없었다.

'직장 생활하면서 주변에 온통 적들만 있다고 생각했는데, 그래도 어딘가에 내 편이 있었나 보네.'

드러내 놓고 말하지는 않았지만 재연은 서윤의 말이 내심 반가웠다. 주변에 내게 호의를 가진 사람이 있다니 모처럼 느껴 보는 안도감이었다.

서윤은 살짝 미소를 머금은 채 모임의 목적에 대해 이야기하기 시작했다.

"이 모임은 단순히 '내 운은 어떻지?'를 알아보거나 운에 대한 단편적인 지식을 쌓기 위해 만들어진 것이 아니에요. 일단 본격적으로 이야기를 하기 전에 여러분들과 나누고 싶은 말이 있는데 혹시 윌리엄 제임스의 '생각이 운명이 된다.'라는 말을 아시는 분 계실까요?"

서윤의 질문에 그때까지 별다른 말이 없던 산이 조용히 손을 들고 대답했다.

"아, 영화 대사로도 나와서 알고 있습니다. 제가 금방 검색해서 한번 읽어 보겠습니다."

생각을 조심하라. 말이 된다.

말을 조심하라. 행동이 된다.

행동을 조심하라. 습관이 된다.

습관을 조심하라. 성격이 된다.

성격을 조심하라. 운명이 된다.

우리가 생각하는 대로 우리는 그렇게 된다.

산이 핸드폰을 들고 듣기 좋은 목소리로 문구를 읽어 내려갔다. 서윤 또한 차분하게 두 손을 맞잡고 산이 낭독하는 것을 경청하고 있었다. 마치 영화의 한 장면을 보는 듯한 산의 낭독이 끝나고 서윤은 사람들이 그 내용에 대해 잠시 생각할 시간을 주었다. 그러고는 다시 설명을 계속했다.

"여기 나온 말처럼 생각이라는 씨앗을 심으면 말이 되고, 그것이 습관이 되고, 결국 내 운명이 돼요. 같은 의미로 저는 마음가짐을 통해 운을 잘 활용하고, 궁극적으로 '더 나은 나'가 되는 방법에 대해 이야기를 나누려고 해요. 윌리엄 제임스의 말처럼 자신의 운명을 새롭게 빚어 가는 힘은 바로 우리 안에 있거든요."

자신의 운명을 새롭게 빚어 가는 힘은 바로 우리 안에 있어요.

행운이 자신을 비껴간다고 생각하는 그 순간에도 운명은
당신에게 호의를 건네고 있어요.

4

운을 활용한다는 것

＊

곰곰이 생각하던 상우가 질문을 던졌다.

"작가님, 지금 말씀해 주신 내용 중에 이전부터 궁금했던 것이 있습니다. 운을 잘 활용한다는 것이 정확히 어떤 의미인지 좀 헷갈려서요. 흔히들 말하는 '행운을 얻는다.'라거나 '운이 좋다.'라는 개념과는 좀 다른 것 같다고 생각했거든요."

용기를 얻은 호정도 추가 질문을 했다.

"저도 그 부분이 궁금했어요. '활용'이라는 말은 보통 자신이 갖고 있는 것을 전제로 하는 거잖아요. 그래서 운을 활용한다는 말에는 우리가 이미 운을 갖고 있다는 뜻이 숨어 있는 것이 아닐까 생각했어요."

호정을 바라보던 서윤의 얼굴에 점점 미소가 번졌다.

"바로 그거예요. 그 부분이 핵심인데 잘 캐치하셨네요. 네, 호정 님이 말씀하신 바로 그 관점에서 출발하는 것이 맞아요."

서윤은 사람들과 일일이 눈을 맞추며 설명을 이어갔다.

"운을 활용한다는 것을 그릇에 물을 채우는 것에 비유해서 설명해 볼게요. 같은 사람이 동일한 크기의 그릇에 물을 채운다고 해도 운을 어떻게 활용하느냐에 따라 그 결괏값이 달라질 수 있어요. 어떤 경우는 그릇에 물을 꽉 채우고, 나아가 그 그릇을 키울 수도 있죠. 반대로 자기 그릇의 10분의 1도 못 채우고 밑바닥에 물이 찰랑찰랑할 정도에 그칠 수도 있어요."

여기까지 말한 서윤은 잠시 말을 멈춘 뒤 보다 분명한 어조로 말했다.

"정리하자면 현실적으로 운을 잘 활용한다는 것은 자신의 그릇에 효율적으로 물을 채우는 것을 뜻해요."

"아, 결국 같은 운을 만나도 그 사람이 어떻게 하느냐에 따라 달라진다는 말이네요. 듣고 보니 '운을 활용한다.'라는 개념은 주체적이고 능동적인 의미 같습니다."

상우가 잘 알겠다는 듯 두 손을 마주치면서 말했다.

"네, 맞아요. 잘 이해하셨어요. 그럼 조금 더 현실적인 사례를 들어 볼게요. 어떤 사람에게 금전운이 상당히 좋아지는 시기가 왔어요. 이럴 때 예전에 친구에게 빌려주었던 돈 1,000만 원을 받는 걸로 그 좋은 운을 써 버릴 수도 있고, 기대하지 않았던 곳에서 2억 원 이상의 돈이 들어올 수도 있어요. 물론 이 액수의 범위나 단위는 그 사람이 가진 그릇의 모양과 크기에 따라 달라지고요."

서윤의 말을 들은 재연이 눈을 동그랗게 뜨고 놀랍다는 듯 반문했다.

"우와, 그 결괏값이 20배나 달라질 수 있다고요? 그렇게까지 차이가 날 거라곤 생각도 못 했는데…… 운이란 것은 어느 정도 정해져 있다고 생각했거든요."

재연의 말을 이해한다는 듯 서윤은 고개를 끄덕이며 단호한 어조로 대답했다.

"그렇게 오해하시는 분들이 많은 게 사실이에요. 하지만 운이란 것은 수학 방정식처럼 답이 하나로 정해진 것이 아니에요. 오히려 부등식처럼 어떤 범위range에 가깝다고 볼 수 있어요. 그렇기 때문에 같은 운이 들어온다고 해도 그 범위 안에서 어떤 값을 얻어내느냐는 사람마다 다를 수밖에 없고요."

가만히 그녀의 설명을 경청하던 산이 손을 살짝 들고 말했다.

"선생님, 지금 운이라고 하신 것이 꼭 돈만을 의미하는 것은 아닐 것 같습니다. 다른 분야에도 적용이 될 거 같아서요."

질문을 들은 서윤이 경쾌하게 대답했다.

"물론이에요. 일단 이해하기 쉽도록 돈을 예로 들어 설명해 드렸지만 제가 그릇이라고 표현했던 것들은 인간관계나 사랑, 혹은 명예나 권력이 될 수도 있어요."

호기심이 가득한 사람들의 눈을 바라보며 서윤이 설명을 계속했다.

"아까는 돈에 대입했다면 지금은 관계운으로 바꿔서 설명해 볼게요. 가령 운이 좋아지는 시기가 오면 귀인이 될 사람을 만날 수도 있고 그냥 주변에 나를 힘들게 하는 사람이 없는 정도로 그 운을 써 버릴 수도 있어요."

서윤의 낭랑한 목소리에 지혁은 정신이 번쩍 드는 것 같았다.

'운만 좋아지면 지금의 어려움이 다 풀릴 거라고 믿고 있었는데, 내가 잘못 생각하고 있었던 건가. 같은 운을 만나도 어떻게 활용하느냐에 따라 행운의 크기가 달라진다는 말이잖아. 이런 이야기를 들을 거라고는 생각도 못 했는데 일단 오늘 나오는 말은 한 마디도 놓치지 말아야겠다.'

운을 잘 활용한다는 것은 자신의 그릇에 효율적으로 물을 채우는 것을 뜻해요.

스스로 행운을 만들어간 반도체의 여걸

MIT에서 전기공학 박사 학위를 취득한 리사 수Lisa Su가 미국 반도체 업체 AMD에 합류한 2012년, 이 회사는 날개 없는 추락을 거듭하고 있었다. 주당 20달러에 거래되던 주가는 1달러로 내려앉았고, 신용평가사 무디스는 이 회사에 투자부적격 등급을 부여했다.

당시 반도체 업계에서 '라이징 스타'로 떠오르고 있던 리사 수가 이 회사로 간다고 했을 때 주변 사람들이 그녀를 말린 것은 당연한 일이었다. 하지만 2017년 MIT 졸업식에서 그녀는 당시의 선택을 돌아보며 '스스로 운을 만들 수 있는 기회가 되었다.'라고 평가했다.

"여러분들에게 무엇보다 가장 중요한 것은 '스스로 운을 만드는 것'입니다. 세계 최고가 되기 위해서는 스마트한 것과 더불어 운도 필요합니다. 적절한 타이밍에 적절한 문제를 풀 수 있으려면 적절한 장소에 있어야 합니다."

그녀는 AMD에 합류한 것에 대해 이렇게 말했다.

"AMD에서 일하기로 했을 때 주위 사람들은 제 결정에 의문을 품었습니다. 하지만 저는 20년 동안 반도체 업계에서 일하면서 실력을 쌓아왔습니다. 그런 저에게 (AMD에서 일하는 것은) 스스로 운을 만들 수 있는 기회였습니다. 문제에 도전하십시오. 그러면 행운이 따를 것입니다."

실제로 리사 수는 AMD로 이직한 이듬해 회사의 실적을 흑자로 돌렸고 이 공로를 인정받아 1년 뒤에는 CEO로 임명되었다. 이후 그녀의 리더십 덕분에 회사는 승승장구한다. 2012년 주당 1.81달러까지 추락했던 주가는 2024년에 주당 최대 200달러 이상 치솟았다. 12년 만에 무려 100배 이상 뛴 것이다. 또한 AI가 대두되면서 AMD는 반도체 업계의 선두주자인 엔비디아의 유일한 적수로 꼽히고 있다.

스스로 행운을 만든 덕분에 리사 수 본인도 세계적인 갑부 대열에 올랐다. 경제 전문지 「포브스」는 그녀의 재산이 1조 원에 달할 것으로 추정하고 있다.

5

마이너스를 줄이려면

✳

"작가님, 운이 좋은 시기도 있지만 반대로 좋지 않은 시기도 분명히 있을 텐데요. 그런 운이 들어왔을 때도 지금 말씀해 주신 원리가 동일하게 적용이 될까요?"

인재가 손을 들고 질문하자 고개를 살짝 옆으로 기울이며 서윤이 대답했다.

"네. 운을 잘 활용한다면 어려운 시기가 왔을 때 마이너스 값을 줄일 수 있어요. 예컨대 어떤 사람이 재운이 좋지 않은 시기를 만났어요. 잘 대응한다면 투자에서 소액의 손해를 보는 정도로 넘어가겠지만 그렇지 못한 경우에는 재산의 상당 부분을 잃고 크게 낭패를 볼 수도 있죠."

이해된다는 듯 재연이 고개를 끄덕였다.

"아, 그러면 운이 좋지 않은 시기에 그 피해를 줄일 수 있다는 말씀이시네요. 재운 뿐 아니라 다른 것들도 그렇겠죠?"

"이번에는 명예운으로 말씀드려 볼게요. 좋지 않은 운이 왔을 때 그저 소소하게 지인들 사이에서 작은 구설수가 생기는 정도로 넘어가는 경우가 있어요. 반면 과거에 올린 글이 온라인에 영원히 박제가 되면서 자신의 신상까지 밝혀지거나 명예훼손 및 각종 소송에 휘말려 사회생활에서 치명적인 타격을 입을 수도 있고요."

산이 상상도 하기 싫다는 듯 고개를 절레절레 저으며 말했다.

"아…… 누군가 저에게 영화가 대박 나는 것과 큰 구설수를 피하는 것, 둘 중 하나를 고르라고 한다면 망설이지 않고 후자를 선택할 것 같아요. 직업상 밑바닥까지 내려가 버리면 그다음에는 아무도 기회를 주지 않거든요."

잠자코 듣던 상우도 크게 고개를 끄덕였다.

"저도 격하게 동의합니다. 잠깐 제 얘기를 하자면 창업하고 처음 출시한 게임이 제법 성공을 거뒀어요. 그런데 두 번째로 내놓은 게임에서 완전히 망했습니다. 한번 떴다가 추락하니까 바닥에 떨어졌을 때 더 고통스럽더라고요.

하나를 고를 수 있다면 저도 안 좋은 시기에 아래로 덜 내려가는 쪽을 택하겠습니다."

이해한다는 표정으로 서윤이 천천히 고개를 끄덕였다. 그리고 다시 입을 열었다.

"많은 사람들이 두 분과 비슷하게 이야기를 하세요. 그럴 수밖에 없는 것이 일반적으로 감정이란 것의 절댓값을 놓고 본다면 재산이 3배로 늘었을 때의 기쁨보다 가진 것이 3분의 1로 줄었을 때의 고통이 훨씬 더 큰 법이거든요."

설명을 들은 참석자들 모두가 고개를 끄덕였다.

"특히 안 좋은 운일 때 잘못된 선택을 하면 하락 폭이 더 커지게 돼요. 이렇게 되면 나중에 운이 좋아진다고 해도 기존에 잃은 것을 만회하는 데 기껏 들어온 행운을 다 써버릴 수도 있어요. 그래서 운을 활용한다는 관점에서 봤을 때도 마이너스 값이 커지지 않도록 관리하는 것이 대단히 중요하죠."

운을 활용한다는 관점에서 봤을 때도 마이너스 값이 커지지 않도록 관리하는 것이 대단히 중요하죠.

6

운명이 건네는 호의

✳

서윤이 말을 마치자, 호정이 차분하게 자신의 이야기를 털어놓았다.

"선생님, 저는 지금까지 운에 대해 잘못 이해하고 있었나 봐요. 지금까지 행운은 항상 저만 비껴가는 것 같았거든요. 반대로 불운은 저한테만 몰려오는 것 같았고요. 그래서 어느 순간부터 저는 운이 좋지 않은 편이라고 생각했어요."

호정은 말을 이어갔다.

"그러면서도 언제 올지도 모르는 행운만을 간절하게 기다렸어요. 그런데 선생님 말씀을 듣고 나니 그렇게 생각하게 된 건 제가 운을 제대로 활용하지 못했기 때문인 것 같네요."

진심 어린 눈빛으로 호정과 눈을 맞추며 그녀의 말을 귀기울여 듣던 서윤이 좋은 에너지를 실어 보내듯 단어 하나하나에 힘을 주어 말했다.

"충분히 그렇게 생각하실 수 있어요. 하지만 꼭 기억하셨으면 하는 것은 행운이 자신을 비껴간다고 생각하는 그 순간에도 운명은 호정님에게 호의好意를 건네고 있다는 사실이에요."

호정이 눈을 동그랗게 뜨며 반문했다.

"네? 호의라고요?"

서윤이 은은한 미소를 띤 채 고개를 끄덕이며 답했다.

"네, 맞아요. 운명의 호의, Favor라고 하지요. 보통 좋지 않아 보이는 일이 생겼거나, 위기가 찾아올 것 같은 작은 조짐이 있을 때 우리는 스스로 불운의 시나리오를 쓰곤 해요. 이전의 좋지 않았던 경험을 떠올리며 불행한 일이 생길 거라고 예단하기도 하고요. 하지만 우리가 부정적인 감정을 느끼는 그 순간에도 운명은 우리에게 호의를 건네고 있어요."

"아……."

순간 갤러리 안의 공기가 바뀌는 것 같았다. 서윤의 답변을 들은 사람들 얼굴에 저마다의 색깔로 밝은 빛이 감돌았다.

"여기서 중요한 것은 운명이 호의를 건네고 있다는 것을 '아는 것'이에요. '앎'은 '믿음'과는 다르죠. 믿음은 언제든 불신不信을 동반할 수 있지만, 무언가를 깨닫게 되면 이전의 상태로는 돌아가지 않아요. 지구가 둥글다는 것을 한번 알면 다시는 지구가 평평하다고 생각하지 않는 것처럼요."

호정의 가슴이 따뜻하게 데워지는 것 같았다.

'생각만 해도 든든하다. 그것도 모르고 나는 매일 아등바등 살고 있었네.'

설레임으로 일렁이는 사람들의 얼굴을 살펴본 뒤 서윤이 다시 단호한 표정으로 입을 열었다.

"단, 우리가 Favor에 대해 생각해야 하는 시기는 바로 부정적인 감정을 느끼는 때에요."

사람들이 궁금하다는 표정으로 그녀를 바라보았다.

"일이 잘 풀린다 싶을 때는 오히려 경계하는 마음을 가지는 것이 옳아요. 자칫 자만해지거나 미래에 대해 지나친 기대를 품는 등 함정에 빠질 수 있으니까요."

공감 간다는 표정으로 상우가 고개를 끄덕였다.

"돌아보니 제가 첫 게임에서 성공했을 때도 좀 기고만장 했던 것 같습니다. 무엇을 해도 운이 따라줄 것만 같았죠. 그래서 처음에 통했다고 생각한 성공 공식을 그대로 두 번째 게임에 적용했는데…… 뭐, 결과는 아까 말씀드린 대로 입니다."

쓸쓸한 표정으로 머리를 긁적이는 상우에게 서윤이 따뜻한 미소를 보냈다.

"네. Favor에 대해 제대로 응답하려면 각각의 부정적 감정이 뜻하는 것을 알아야 해요. 이런 감정은 운을 활용하는데 있어 서로 다른 의미를 가지거든요. 이번 모임에서는 그중에서도 한 가지 감정에 대해 집중적으로 살펴볼 예정이에요."

행운이 자신을 비껴간다고 생각하는 그 순간에도 운명은 당신에게 호의好意를 건네고 있어요.

카이사르의 행운

카이사르는 자타공인 '행운의 아이콘'이었다. 오랜 세월이 지난 지금까지도 '카이사르의 행운'이란 표현은 일종의 상용어구로 쓰이고 있다.

실제 역사가들의 평가를 살펴보면 그들 역시 카이사르의 성공이 운명의 호의好意 덕분이라고 보았다. 하지만 역사 기록들을 보면 카이사르가 누렸다고 알려진 행운은 본인이 '자가 발전'을 한 경우가 많았다.

기원전 48년, 카이사르는 항구도시 디라키움에서 숙적 폼페이우스와 대결하고 있었다. 당시 카이사르는 이탈리아 반도에서 지원군을 데리고 오기 위해 항해에 나섰는데, 중간에 혹한을 만나자 선장에게 이렇게 말했다고 한다.

"계속 가라! 너는 카이사르와 카이사르의 행운을 싣고 있다."

그는 자신의 행운을 셀프로 연출하기도 했다. 카이사르가 폼페이우스의 잔당을 추격해 아프리카에 상륙했을 때 군사들 앞에서 발을 헛디뎌 쓰러진 적이 있었다. 군사들이 불길하다고 여길 수 있는 사건이었지만 카이사르는 순간적으로 이렇게 외쳤다.

"아프리카여! 내가 너를 잡았다."

역사가들이 꼽는 카이사르 최고의 행운은 기원전 45년 스페인에서 치러진 문다 전투에서의 일이다. 당시 폼페이우스 군을 이끈 것은 20대 후반에 불과했던 그나이우스 폼페이우스였다. 전투에서 자신이 이끄는 군대가 밀리고 있자 카이사르는 직접 선두에 나섰다. 그에게 집중적인 공격이 가해졌지만 카이사르는 운 좋게도 상처 하나 입지 않았다. 그리고 카이사르는 현장에서 바로 투구를 벗어 자신이 누구인지 병사들에게 각인시켰다고 한다. '행운의 주인공'과 함께 싸우고 있다는 것을 알게 된 병사들의 사기가 올라가는 것은 당연한 일이었다.

카이사르의 행운은 공짜로 주어진 것이었을까? 사실 그가 최고 권력자가 되기 전까지의 과정을 살펴보면 꼭 운이 좋은 사람이었다고 말하기는 어렵다. 카이사르는 다른 귀족들처럼 집안의 도움을 받지 못했고 젊은 시절에는 재산이 넉넉하지 않아 로마 외곽의 서민 주거지에서 산 적도 있다.

출세 역시 빠르지 않았다. 카이사르가 갈리아로 이주해 본격적인 명성의 발판을 다진 것은 그의 나이 41세 때의 일이었다. 알렉산더 대왕 등 그와 비견되는 세기의 영웅들이 30대부터 이미 명성을 떨친 것에 비하면 상당히 늦은 나이에 역사의 무대에 등장한 것이다.

후대의 역사가들은 오히려 카이사르의 행운은 그가 평생 철저하게 준비해서 만들어 간 것으로 보고 있다. 가장 좋은 사례가 바로 카이사르가 루비콘 강을 건너기로 결정한 일이다. "주사위는 던져졌다."는 유명한 말을 남긴 카이사르는 혹한의 날씨에 단 한 개의 군단만을 이끌고 있었다. 하지만 카이사르는 기회가 왔을 때 반드시 잡아야 한다는 것을 알고 있었다. 그는 불리한 여건에도 불구하고 과감하게 진군할 것을 결정했다.

결국 카이사르의 행운이란 스스로 기획하고 연출하며 주연 배우까지 도맡아 한 '셀프 메이드' 행운이었던 셈이다. 덧붙여 그렇게 자신만의 행운을 만들어간 것이 카이사르의 가장 뛰어난 점이기도 했다.

7

Favor의 관점

✳

잠시, 기분 좋은 침묵이 공간을 가득 채웠다. 사람들은 각자 서윤의 말을 곱씹으며 생각에 잠겨 있었다. 그때 무언가 떠올랐다는 듯 인재가 손을 들고 질문을 했다.

"듣다 보니 '운명이 건네는 호의'와 '운을 활용한다는 것'이 연결되는 것 같습니다만……."

서윤이 예의 부드러운 미소를 지으며 답했다.

"네. 보다 정확하게 말씀드린다면 운을 바라보는 관점이라는 측면에서 그 두 가지는 서로 통하죠."

"아, 관점이 중요하다는 것은 평소에 잘 알고 있었지만 정작 운에 대해 제가 어떤 자세를 취하고 있는지는 한 번도 생각해 본 적이 없는 것 같습니다."

인재의 말에 사람들도 동의한다는 듯 고개를 끄덕였다. 서윤이 참석자들의 얼굴을 잠시 둘러본 뒤 보다 단단한 어조로 말했다.

"올바른 관점을 갖는다는 것은 자신의 운을 활용하는데 있어 중요한 출발점이 되요. 여기에서 제가 말씀드리고 싶은 것은 Favor의 관점이에요. 좋지 않은 운을 만나도 그 뒤에 운명이 건네는 호의가 있다는 것을 알고 그것을 활용하겠다는 마음으로 나아가는 것이죠. 운을 보다 주체적이고 능동적으로 대하는 자세라고도 할 수 있어요."

사람들은 귀를 쫑긋 세우고 서윤의 말에 집중하고 있었다.

"Favor의 관점은 운을 수동적으로 보는 것과는 달라요. 수동적인 입장을 택한다면 날이 궂을 때 그저 날씨가 좋아지기만을 기다리는 것 말고는 별다른 방법이 없는 것과 마찬가지거든요."

"아, 그러네요. 그것은 좋은 운이 오기를 애타게 기다리기만 하는 거네요. 제 주변에도 그런 시각으로 운을 보는 사람들이 꽤 있는 것 같아요."

재연이 답하자 서윤이 고개를 끄덕였다.

"네. 수동적인 관점에서 바라본다면 자신의 운을 활용하고 그 흐름을 타면서 성장하기가 어려워져요. 그러다 보면 다른 사람의 손에 있는 좋은 것들을 부러워하며 시간만 보내게 될 수 있어요."

듣고 있던 재연이 한숨을 푹 쉬며 말했다.

"아, 그러고 보니 돌아가신 저희 외삼촌이 생각나요. 젊은 시절부터 온갖 사업을 한다고 여기저기 다니면서 친척들에게 계속 돈을 빌렸어요. 그리고 사업에 실패할 때마다 같은 말만 반복했죠. 그저 운이 나빴을 뿐이라고, 좋은 운이 오기만 하면 다 해결될 거라고요. 결국 좋은 날은 영원히 오지 않은 채 객지에서 돌아가셨지만요."

비슷한 사례가 생각났다는 듯 산도 입을 열었다.

"독립 영화에 출연할 때 알던 후배들 중에도 그런 경우가 좀 있습니다. 그 친구들은 본인에게 기회가 오지 않는 것을 무조건 운 탓으로 돌리더라고요. 잘되는 사람들을 볼 때마다 '저들은 운만 좋았을 뿐'이라고 하면서요."

사람들의 말을 들으며 지혁은 골똘히 생각에 잠겼다.

'생각해 보니 나도 지금껏 운을 수동적으로만 생각했던 것 같아. 하지만 지금부터라도 관점을 바꾸면 되는 것 아닌가? 남들이 목 빠지게 좋은 운이 오기만을 기다리고 있을 때 나는 그 대열에서 빠져나오는 거야. Favor의 관점을

택하고 한 발 앞으로 나아가 내게 주어진 운을 제대로 활용하는 거지!'

마치 섬광 같은 깨달음이 지혁의 뇌리를 가로질렀다. 생각만으로도 가슴이 두근거리기 시작했다. 그때까지 지혁은 주로 듣기만 했으나 더 이상 이러고 있을 때가 아니라는 판단이 들었다. 그는 보다 적극적으로 참여하겠다고 마음먹고 자세를 똑바로 고쳐 앉았다.

여기에서 제가 말씀드리고 싶은 것은 Favor의 관점이에요. 좋지 않은 운을 만나도 그 뒤에 운명의 호의가 있다는 것을 알고 운을 활용하겠다는 마음으로 나아가는 것이죠.

우주선을 만드는 기업가가 말하는 운

버진Virgin 레코드와 버진 항공사 등을 창업한 영국 출신의 리처드 브랜슨Richard Branson은 400여 개의 사업체를 운영하는 세계적인 경영인이다. 2021년에는 자신의 회사인 '버진 갤럭틱Virgin Galactic'에서 만든 관광용 우주선을 타고 14분 동안 우주 비행도 했다.

그는 운에 대해 어떻게 생각할까? 브랜슨은 2014년에 내놓은 자신의 저서 『버진 웨이The Virgin Way』에서 이에 대해 자세히 밝혔다.

브랜슨은 "운이란 인생에서 가장 오해되고 과소평가 되는 요소 중 하나"라며 "많은 사람들이 '운이 좋다.'라는 것을 갑자기 번개에 맞는 것, 즉 '제로 컨트롤zero control'의 대상이라고 생각하는데 그것은 사실이 아니다."라고 말했다. 그는 운에 대한 관점을 설명하기 위해 자신의 책에 다음과 같은 사례를 기술했다.

안토니오라고 불리는 칠레 출신의 한 남자 (브랜슨은 자신의 친구라고 소개한다)는 스탠포드 대학원에서 박사 후 과정을 밟고 있었다. 어느 날 영화를 보기 위해 극장 앞에서 긴 줄을 서고 있던 그는 티켓이 매진되었다는 말을 듣는다. 갑자기 시간이 생긴 안토니오는 옆에 서 있던 남자와 커피를 마시러 간다.

그 낯선 남자는 안토니오에게 자신도 스탠포드에 다니고 있다며 현재 친구와 함께 검색 엔진에 대한 연구 프로젝트를 진행하고 있다고 말한다. 새 친구는 안토니오에게 자신의 프로젝트에 투자할 생각이 없는지 물었다. 그의 인생에서 분수령이 될 그 시점에 안토니오는 솔직하게 고백했다.

"지금 제가 가진 돈은 중고차를 사려고 모아놓은 1만 달러가 전부입니다. 하지만 저는 차를 사는 대신 그 돈을 당신네 회사에 넣고 싶습니다."

새로 사귄 친구는 그에게 1%의 주식을 주겠다고 했다. 그리고 모두들 짐작하다시피 이날 안토니오와 악수를 나눈 친구는 구글의 창업자인 세르게이 브린이었다.

한편, 이와 반대되는 사례는 로널드 웨인Ronald Wayne이다. 그는 아타리Atrari에서 스티브 잡스와 함께 일한 인연으로 잡스, 워즈니악과 함께 애플의 공동 창업자가 되었다. 웨인은 회사의 슈퍼바이

저가 되기로 하고 주식의 10%를 받았다.

하지만 웨인은 회사의 전망에 대해 긍정적이지 않았고 특히 잡스랑 일하는 것을 힘들어했다. 결국 몇 달 후 웨인은 회사를 그만두기로 했다. 그가 자신의 주식을 포기하는 대가로 받은 돈은 불과 800달러였다.

다시 안토니오의 사례로 돌아가 보자. 안토니오는 구글 주식을 단 한주도 팔지 않을 만큼 현명했다. 당시 중고차는 사지 못했지만 아마도 그의 재산 가치는 현재 조 단위일 것이다. 만약 그때 극장 티켓이 매진되지 않았더라면 이후 그의 인생은 매우 달라졌을지도 모른다.

하지만 이것도 기억해야 한다. 안토니오는 기회를 알아볼 만큼 똑똑했고 자신의 전 재산인 1만 달러를 몽땅 털어 넣을 만큼 배짱도 있었다.

브랜슨은 이 사례를 소개하며 다음과 같이 말했다.

"사람들은 '와우, 저 사람은 정말 운이 좋았어.'라고 말하면서 그 사람이 행운을 얻기 위해 기울인 노력에 대해서는 별로 생각하지 않는다. 그러므로 운을 향상시키기 위해 노력하라. 태풍이 분다고 아무것도 하지 않은 채 나무 아래에만 서 있지 말고, 모르는 사람에게 말 걸기를 두려워하지 말아라. 혹시 아는가, 그 사람이 당신의 세르게이(구글의 창업자)가 될지!"

8

운과 함께 성장하는 존재

✳

서윤은 참석자들을 가볍게 한번 둘러보고는 차분한 어조로 다시 이야기를 시작했다.

"Favor의 관점으로 운을 대한다면 우리는 운과 함께 성장할 수 있는 가능성을 지닌 존재에요. 그 가능성을 인식하고 운을 활용하며 나아갈 때 우리는 '더 나은 나'가 될 수 있죠."

어느새 참석자들은 그녀의 이야기에 빠져들고 있었다.

"우리가 운명이 건네는 호의에 대해 인식한다면 '좋은 운'과 '나쁜 운'이란 더 이상 없다고 생각해요. 단지 '성장하는 운'과 '성숙을 위한 운'만이 있을 뿐이에요."

서윤이 하는 말은 하나도 놓치지 않으려는 듯 집중하면서 듣던 재연이 저도 모르게 말했다.

"결국 좋지 않은 운도 성숙을 위한 밑거름으로 쓸 수 있다는 의미로군요."

서윤이 가만히 고개를 끄덕였다. 다른 참석자들도 턱을 괴거나 팔짱을 끼고 서윤의 말을 음미하고 있었다. 얼마간의 시간이 흐른 뒤 그녀가 다시 입을 열었다.

"앞으로 성장과 성숙을 반복하며 나아갈 여러분들에게 꼭 당부드리고 싶은 것이 있어요. 지금 여러분은 이 여행의 목적지, 그러니까 행운을 얻는 그 찰나만이 중요하다고 생각하실 수 있어요. 농구 골대에 골이 들어가듯 행운이 들어오는 바로 그 순간만을 기다리면서 현재를 그냥 흘려보낼 수 있다는 뜻이에요."

그녀는 따뜻하지만 동시에 단호하게 말했다.

"하지만 우리의 삶은 모두 소중한 순간들로 여겨져야 마땅해요. 지금 배가 고프니까 맛있는 음식을 먹을 생각에만 집중해서 요리하는 과정을 힘들게 여기는 것이 아니라요. 음식을 만드는 그 자체에서 기쁨을 느끼는 거죠. 즉, 자신 안에서 잠자고 있던 행운을 깨우고, 새로운 자신을 발견하고, 점점 더 발전해 나가는 이 여정 자체에서 행복을 느끼셨으면 해요."

서윤의 말을 들은 사람들의 표정이 반짝거리기 시작했다. 호정은 자신도 모르게 가슴이 두근거리는 것을 느꼈다.

'나이가 들면서 남들 시선에 지나치게 얽매이거나 도파민만 쫓기보다 품격 있는 인간으로 무르익어 가고 싶다고 생각했는데…… 운을 활용하는 법을 배우고, 그러면서 원하는 모습에 가까워질 수도 있다니 벌써부터 좀 설렌다.'

지혁 또한 오랜만에 기분이 고양되는 것을 느꼈다.

'관점을 바꾸겠다고 마음먹었을 뿐인데 벌써 세상이 다르게 보이는 것 같네. 늘 소모되거나 이용당하고 있다는 생각을 했는데 이렇게 채워지고 있다는 느낌을 받은 게 도대체 얼마 만인지…….'

사람들이 기분 좋은 표정을 짓고 있는 사이 서윤이 미소를 띤 채 다시 입을 열었다.

"제가 앞서 부정적인 감정들 중 한 가지에 대해 보다 자세히 살펴보겠다고 말씀드렸는데요. 그 주제가 여러분들이 사전에 보내 주신 내용들과 일치했어요."

'아, 맞다. 여기 오기 전에 오늘 이야기하고 싶은 주제에 대해 메일을 보냈었지!'

호정은 저도 모르게 박수를 칠 뻔했다. 대화에 너무 빠져서 메일을 보냈던 것도 까맣게 잊고 있었던 것이다. 도대체 무엇에 대한 것일까? 그녀는 저도 모르게 몸을 앞으로 기울였다.

"여기서 그 감정은 운을 활용하는데 중요한 열쇠가 되죠."

서윤이 눈을 반짝이며 말을 이어갔다.

"그것은 바로 '불안'이에요."

우리는 운과 함께 성장할 수 있는 가능성을 지닌 존재예요. 그 가능성을 인식하고 운을 활용하며 나아갈 때 '더 나은 나'가 될 수 있죠.

Part 2

지금 당신이 불안하다면

9

불안의 정체

✳

"네? 불안이라고요?"

의외의 답을 들은 사람들이 당황스러운 듯 반문하며 혼란스러워하는 표정을 지었다. 잠시 어색한 침묵이 흐른 뒤 재연이 말문을 열었다.

"생각지도 못한 답이 나와서 솔직히 좀 놀랐어요. 불안이 운을 활용하는 열쇠라니…… 저는 오히려 반대로 생각하고 있었거든요. 불안감이 높아질 때마다 '무슨 안 좋은 일이 생기려고 이러나?' 싶어서 더 불안해지곤 했어요."

상우도 동조한다는 듯 고개를 연신 끄덕이며 말했다.

"저는 불안이 불면증 같다는 생각을 자주 했습니다. 불면증이란 게 그렇잖아요. 처음에는 엎치락뒤치락하며 잠을 못 자다가, 이러다 밤을 새울까 더 불안해지고, 결국 그 불안감 때문에 한숨도 못 자게 되는…… 불안도 비슷한 것 같아요."

재연과 상우의 말을 귀 기울여 듣던 서윤이 살짝 고개를 끄덕이며 답했다.

"자신이 느끼는 부정적 감정에 대해 털어놓는다는 것은 생각보다 쉽지 않은 일이에요. 용기를 내주셔서 모두들 감사해요."

서윤은 사람들을 감싸안듯 따스한 어조로 말했다.

"태어나서 불안이란 것을 느껴 보지 않은 사람은 단 한 명도 없을 거예요. 잘 아시다시피 불안이란 선사시대부터 우리 안에 있는, 자연스럽고 당연한 감정이거든요."

그녀의 목소리에는 사람을 집중시키는 묘한 힘이 실려 있었다.

"그리고 사람마다 감정에 대한 감수성도 다르죠. 원래 불안이란 감정 자체에 더 예민한 사람도 있고, 평소에 안 그러던 사람도 운이 바뀌는 시기에 불안감을 더 크게 느낄 수도 있고요. 그러니까 운의 관점에서 봤을 때는 누구에게나 불안감을 강하게 느끼는 시기가 있을 수 있다는 말이에요."

지혁은 서윤의 말을 곱씹으며 생각에 잠겼다.

'누구나 불안감이 커지는 시기가 있다…… 그런 거면 내가 지금 유독 불안해하는 것이 아니라 그저 불안한 시기를 지나고 있을 뿐일지도 몰라.'

산 또한 두 손을 맞잡은 채 서윤의 이야기에 자신의 상황을 대입해 보았다.

'내가 불안에 예민한 사람일 수도 있겠다. 배우란 일이 아무래도 감정에 더 민감해질 수밖에 없으니…….'

각자 서윤의 이야기에 자신의 상황을 대입하느라 소리 없이 분주한 가운데 차분하지만 울림 있는 목소리가 들려왔다.

"어떻게 보면 사람들은 불안할수록 더 간절하게 행운을 원하기도 해요. 대다수의 사람들이 미래에 대한 불확실성 때문에 불안해하는 경우가 많으니까요. 사실 운에 대해 더 많이 생각하게 되는 것도 바로 이 시기예요."

운의 관점에서 봤을 때는 누구에게나 불안감을 강하게 느끼는 시기가 있을 수 있어요.

10

운의 시그널

✳

"**선**생님, 꼭 여쭤보고 싶은 것이 있는데요. 강한 불안은 불운을 불러오는 걸까요?"

호정이 조심스럽게 질문하자 서윤은 왜 그런 생각을 하는지 알겠다는 표정으로 호정과 재연을 지그시 응시했다. 그러고는 따뜻한 어조로 대답했다.

"불안의 소용돌이에 휩싸일 때 당황하고 두려워하는 것은 당연한 일이에요. 그러다 보면 자신도 모르게 최악의 상황을 상상하거나, 성급하게 눈앞에 보이는 동아줄을 잡아 버리는 일도 생기고요."

서윤의 목소리에는 사람들의 마음을 진정시키는 힘이

있었다.

"하지만 반드시 기억해야 할 것은 불안은 나를 해치는 감정이 아니라는 거예요. 오히려 운명이 우리 자신을 일깨우기 위해 준비한 고마운 손길이죠."

잠시 생각할 여유를 준 서윤은 사람들의 표정이 다소 편안해진 것을 확인하고는 다시 입을 열었다. 이번에는 보다 단호한 어조였다.

"수많은 사례를 분석한 결과 제가 분명하게 말씀드릴 수 있는 것은 불안이 꼭 불운을 불러오는 것은 아니라는 사실이에요. 오히려 상대적으로 강한 불안감이 느껴지거나 지속적으로 이어지면 운의 흐름을 타고 나아가는 좋은 계기가 될 수 있어요."

그녀는 커피를 한 모금 마신 뒤 다시 설명을 이어가기 시작했다.

"사실 우리는 불안에 대해 부정적인 고정관념을 갖고 있어요. 불안을 좋지 않은 일이 일어날 징조라고 생각하거나 느끼면 안 되는 감정, 아니면 회피하거나 싸워야 할 대상으로 여기는 거죠. 그건 자신도 모르는 사이 스스로의 감정에 대해 두려움을 느낀다는 뜻이에요."

참석자들은 너나 할 것 없이 서윤의 말에 공감한다는 표정을 지었다.

"그런 고정관념에 갇혀 있다 보면 자신의 감정을 적으로 간주하게 될 수도 있어요. 그럼 끊임없이 자기 감정과 싸우다가 완전히 지쳐 버리거나 불안의 무게에 눌려 지금 눈앞에 펼쳐지고 있는 소중한 일상을 놓치게 되기도 하죠."

서윤의 목소리는 부드러웠지만 말 한 마디 한 마디에는 단단한 힘이 실려 있었다.

"중요한 것은 불안을 운의 시그널로 인식하는 거예요. 불안은 내면의 적이 아니라 운을 활용하는 데 도움이 되는 신호니까요. 심리학 용어로 말하자면 불안을 '리프레이밍 reframing'●하는 거예요."

부드러우면서도 단호한 서윤의 말을 들으며 지혁은 속으로 생각했다.

'불안과 운이라……, 생각지도 못한 조합인데. 불안을 무서워하지 말고 운을 활용하는 데 도움이 되는 신호로 보란 말이지? 관점을 조금만 바꿔서 보면 불안하다고 두려워할

● 리프레이밍은 기존의 사고방식이나 사물, 현상을 느끼는 방식에 대한 '틀'을 바꾸어 사건을 다른 관점에서 바라보고 새로운 의미를 부여하는 것을 말한다.

필요는 없다는 말인데…….'

호정은 저도 모르게 숨을 크게 내쉬었다. 목과 어깨를 짓누르고 있던 긴장감에서 벗어나는 것 같았다.

'아이 진로, 돈 문제, 인간관계, 항상 이런 것들 때문에 불안했는데…… 불안이 긍정적인 신호가 될 수도 있다는 거잖아. 그렇게 생각하니까 훨씬 마음이 놓이는데?'

반드시 기억해야 할 것은 불안은 나를 해치는 감정이 아니라는 거예요. Favor의 관점에서 봤을 때 불안이란 오히려 운명이 우리 자신을 일깨우기 위해 준비한 고마운 손길이죠.

불안을 리프레이밍한다면

심리학에서 '프레임Frame'이란 어떤 사물이나 사건을 바라보는 '틀'을 의미한다. 따라서 '틀을 새롭게 한다.'란 뜻을 가진 '리프레이밍Reframing'은 틀 자체를 바꾸는 것을 뜻한다. 그다지 좋아 보이지 않던 그림도 액자를 바꾸면 달라 보이듯 같은 사물이나 사건을 전혀 새로운 관점에서 바라보면서 이전과는 다른 의미를 부여하는 것이다.

혹자는 '리프레이밍'이 소위 말하는 '정신 승리'가 아니냐고 질문할 수 있다. 이에 대해 폴커 키츠Volker Kitz와 마누엘 투쉬Manuel Tusch는 자신의 저서 『마음의 법칙』에서 이렇게 설명한다.

"리프레이밍은 우리가 앞으로 나아가는 것을 가로막는 부정적인 생각을 바꾸도록 도와준다. 이것이 곧 '내 힘으로 사는 인생'과

'다른 힘에 의해 끌려다니는 인생'의 결정적인 차이다."

전문가들은 특히 불안을 리프레밍 했을 때 삶에 어떤 긍정적인 영향을 주는지에 대해 주목했다. 심리학자 리사 펠드먼 배럿 Lisa Feldman Barrett은 자신의 저서 『감정은 어떻게 만들어지는가』에서 미국 대학원입학자격시험GRE을 앞둔 학생들의 사례를 예로 든다. 불안을 신체가 제대로 대처하고 있다는 신호로 리프레이밍한 학생들이 그러지 않은 학생들보다 GRE에서 높은 점수를 받았다는 것이다. 교감신경계에서 수행 능력을 낮추고 기분을 망치게 만드는 전염증성 사이토카인의 수준이 내려갔기 때문이다.

한 발 더 나아가 그녀는 효과적인 리프레이밍을 통해 시민 대학에서 시험 성적과 최종 학점을 올리는 데 성공한 연구 결과를 소개하며 "이런 의미 있는 발전(리프레이밍)을 통해 개인의 인생 행로가 바뀔 수도 있다."고 말했다.

그럼 효과적으로 리프레이밍을 해보려면 어떻게 해야 할까? 키츠와 투쉬는 『마음의 법칙』에서 다음과 같은 방법들을 소개한다.

1. 자신의 느낌과 감정을 충분히 의식하자. 부정적인 느낌일지라도 허락하고 받아들이자. 그것은 나 자신의 일부이자 내 인생의 일부다.

2. 중요한 것은 균형을 잡는 일이다. 자질구레한 것을 두고 절망하

거나 흥분하기보다 리프레이밍에 더 많은 노력을 기울이는 편이 정신 건강에 훨씬 이롭다.

3. 충격적인 사건으로 자신을 통제할 능력을 잃었다면 일단 떠오르는 감정을 그대로 느끼자. 그리고 어느 정도 진정되면 분석하는 게 중요하다. 재해석은 나중에 하는 편이 좋다.

4. 일단 다음과 같이 시도해 보기를 권한다.

자신에게 실망한 나머지 '나는 할 수 없어.'라는 탄식이 나온다면 이 한 마디만 덧붙여라. '나는 아직 할 수 없어.'

도대체 세상이 왜 이런지 알 수 없어 부글부글 화가 치민다면 다음과 같이 자문하라. '지금 이 상황이 나에게 무슨 말을 해 주려는 걸까?', '이 상황에 숨어있는 기회는 무엇일까?'

11

불안은 행동하라는 신호

＊

호정은 서윤을 보며 자신의 의견을 말했다.

"저는 선생님이 이전 책에서 알려 주신 내용이 떠올라요. 감정이 현실을 변화시키는 힘을 가진 귀중한 에너지라고 하셨잖아요. 말씀을 듣고 보니 불안도 저에게 유익한 에너지가 될 수 있겠다는 생각이 들었어요. 더 이상 불안을 두려워하지 않아도 된다는 생각만으로도 마음이 훨씬 편해집니다."

서윤 또한 편안한 미소를 지으며 말했다.

"좋은 말씀 해 주셔서 감사드려요. 제가 불안을 운의 시그널이라고 한 부분에 대해 조금 더 설명을 해 드리면 좋을 것 같네요. 불안한 감정이 든다는 것은 눈앞에 초록 신호등이 켜진 것뿐이에요. 이 신호등은 우리가 효율적이고 안전하게 길을 건너도록 도와주죠."

서윤의 목소리에는 사람들의 마음을 편안하게 해 주는 힘이 있었다.

"우리는 그저 한 발씩 앞으로 걸어 나가면 돼요. 그렇게 발자국을 옮기다 보면 어느새 길을 건너간 자신을 발견할 수 있을 거예요. 다시 말해 불안은 지금 행동하라는 신호예요."

그녀의 말을 들은 산이 입을 열었다.

"사실 저도 불안해질 때마다 해결책을 찾고 싶어서 책이나 유튜브를 찾아봤는데요. '불안을 열정으로 바꿔라.', '스트레스도 힘이다.' 그런 말들이 많더라고요. 그래서 그 방법들을 실천해 봤는데 오히려 불안이 더 심해졌어요."

산의 말을 들은 재연이 공감한다는 듯 고개를 끄덕이며 한 마디를 보탰다.

"저도 회사에서 일을 하다가 큰 실수를 해서 징계를 받을 뻔한 적이 있었어요. 그때 너무 불안해져서 주변에 조언을 구했더니 일 외의 다른 활동에 집중하라고 하더라고요. 그래서 여행도 가고 동호회 활동도 해 봤는데…… 마음만 더 조급해졌어요."

산과 재연의 이야기를 들은 서윤이 천천히 고개를 끄덕였다.

"산 님과 재연 님 두 분 다 어떤 경험을 하셨는지 알 것 같아요. 자신에게 맞지 않는 방법을 사용했다면 충분히 그럴 수 있어요."

"아, 저한테 맞지 않은 방법이었다고요?"

재연이 묻자 서윤이 짧지만 힘 있게 고개를 끄덕이며 대답했다.

"불안을 신호로 인식하고 나아갈 때 그에 맞는 전략은 사람에 따라 달라요. 그 전략은 크게 두 가지로 나뉘는데요. 이때 핵심은 자신이 어떤 유형인지 알고 그에 맞는 전략을 취하는 것이에요. 그래야만 운을 잘 활용할 수 있게 되거든요."

불안한 감정이 든다는 것은 눈앞에 초록 신호등이 켜진 것뿐이에요. 이 신호등은 우리가 효율적이고 안전하게 길을 건너도록 도와주죠. 우리는 그저 한 발씩 앞으로 걸어 나가면 돼요.

중요한 것은 불안을 운의 시그널로 인식하는 거예요.

불안은 내면의 적이 아니라 운을 활용하는 데

도움이 되는 신호니까요.

12

A 유형이란

✳

서윤의 말을 듣고 있는 참석자들의 눈빛이 반짝였다.

"말씀드렸듯 불안에 대응하는 전략에 따라 사람들은 크게 두 가지 유형으로 나뉘어요. 먼저 A 유형을 살펴볼게요. 여기서 A는 'Action'을 뜻해요. A 유형에 맞는 행동 전략은 불안을 연료로 삼아 앞으로 나아가는 거예요. 적절한 불안은 이들에게 집중도와 효율성을 끌어올려 주는 원동력이 되어 주죠."

서윤은 부드럽게 말했다. 오늘 처음 봤는데도 그녀의 눈빛은 보는 이의 마음을 편안하게 해 주는 힘이 있었다.

"학교 다닐 때 벼락치기에 강하고, 시험 전날만 되면 유독 집중해서 공부하는 친구들을 보셨을 거예요. 그런 사람들이 바로 A 유형이에요. 문제를 해결하고 일을 진전시키는 데 불안이 도움이 되는 타입이죠. 이들에게 불안은 일의 능률을 높여 주는 촉매가 된다고 이해하시면 돼요."

서윤의 설명을 듣던 재연은 자신도 모르는 사이에 배시시 미소를 지었다.

'이건 완전히 내 얘기잖아. 시험 전날만 되면 밤새우며 공부하는 나를 보고 친구들이 '벼락치기의 여왕'이라고 했지. 실제로 시험 시간이 다가올수록 집중이 더 잘되긴 했어. 중간고사 당일 아침에 사회 노트 한 권을 다 외운 적도 있으니까.'

재연이 예전의 기억을 떠올리는 동안 서윤은 설명을 이어갔다.

"A 유형에게 '불안'이란 행운을 향해 가는 데 꼭 필요한 자원이 될 수 있어요. 가령 여러분이 과일 가게를 하고 있다고 해 볼게요. 다른 사람들보다 매출을 몇 배 더 올리는 직원이 있어요. 단골손님도 많이 확보했고요. 그런데 이 사람을 대하기가 조금 불편해요. 이런 경우 어떻게 해야 할까요?"

서윤의 말이 떨어지기 무섭게 상우가 확신에 찬 목소리

로 대답했다.

"판매량이 그렇게 높다면, 당연히 그 직원과 함께 가야죠!"

"정답이에요. A 유형에게 불안은 이런 의미예요. 당장 편안하게 느껴지지는 않지만 위기에서 탈출하거나 더 나은 내일을 향해 가는 데 중요한 자원이 되는, 그런 존재죠."

이야기를 듣는 동안 호정의 머릿속에서는 그동안 진료한 환자들의 차트가 촤라락 소리를 내며 돌아갔다.

"생각해 보니 유독 불안해하던 환자들 가운데 어느 순간부터 적극적이고 맹렬하게 병과 싸운 사람들이 있었어요. 그들 중 상당수가 좋은 예후를 보였고요. 그때는 다 천운이라고 생각했는데 말씀을 듣고 보니 이해가 갑니다."

지혁도 신림동에서 한창 고시 공부에 매진하던 때의 기억을 떠올렸다.

"저는 2년 만에 사법고시를 패스한 형이 떠오릅니다. 매일 아침 7시에 도서관에 나와 저녁 11시까지 엄청나게 달리더라고요. 나중에 알고 보니 집안이 어려워서 부모님께 딱 2년만 시험을 준비하겠다고 했답니다. 떨어지면 바로 군대에 가야 한다고 생각하니 일분일초를 아껴 가며 몰입할 수밖에 없었다고 해요."

지혁의 이야기를 듣고 난 재연이 털털하게 웃으며 입을

열었다.

"제가 그랬던 것 같아요. 스탠포드 공대는 경쟁이 정말 살벌하죠. 박사 과정에서 탈락할지도 모른다는 스트레스를 견디지 못해 자살하는 학생들이 나올 정도니까요. 그때 제가 쓴 방법은 하나였어요. 불안해지지 않을 때까지 계속 공부하는 거예요. 안 풀리는 문제 하나를 놓고 며칠을 밤새워 가며 고민한 적도 많았어요."

예전 일을 회상하다 보니 그때의 감정이 되살아났는지 재연의 톤이 살짝 올라가며 목소리에 힘이 실리기 시작했다.

"불안할 때마다 힘을 내서 앞으로 한 발짝씩 나가다 보니 결과적으로 남들보다 일찍 박사 학위를 따게 되었어요. 졸업 후에 좋은 기회들도 많이 찾아왔고요. 생각해 보니 불안하지 않았다면 그렇게까지 열심히 달리지는 못했을 것 같아요!"

A 유형에 맞는 행동 전략은 불안을 연료로 삼아 앞으로 나아가는 거예요. 적절한 불안은 이들에게 집중도와 효율성을 끌어올려 주는 원동력이 되어 주죠.

A 유형: 불안을 열정으로 바꾼 남자

교세라의 창업자인 이나모리 가즈오는 일본에서 가장 존경받는 기업인 중 한 명이다. 하지만 그가 시작부터 순탄했던 것은 아니다. 지방대 공학부를 졸업하고 대기업에 지원했으나 학벌이 좋지 않다는 이유로 탈락하고 말았다. 이후 교수의 추천으로 어렵사리 취직하게 된 쇼후 공업은 말 그대로 망해 가는 회사였다. 월급도 제때 나오지 않았고 입사 동기들은 몇 달 만에 모두 회사를 떠났다.

'다들 잘나가는데 나만 왜 이 모양 이 꼴일까?'

극심한 걱정과 불안에 시달리던 그는 방황 끝에 마음을 바꿔 먹기로 했다.

'지금은 회사를 관둘 명분이 없어. 차라리 눈앞에 놓인 일에만

집중하자.'

그는 A 유형답게 불안을 정면 돌파하기로 마음먹었다. 그렇게 생각을 바꾸자 도전 의식이 생겨났고 치열하게 싸워 보고 싶다는 의지도 솟아올랐다.

당시 그는 쇼후 공업에서 파인세라믹 제품을 연구하고 있었다. 그는 결심한 날부터 연구소 한구석에 냄비, 솥 등을 옮겨 놓고 온종일 연구에 전념했다. 부족한 지식을 메꾸기 위해 도서관에서 해외 논문을 베껴 오거나 전문 서적을 통째로 외워 버리기도 했다.

그렇게 몰두하던 어느 날, 우연한 기회에 파인세라믹 재료인 포스테라이트를 합성하는 데 성공했다. 미국의 GE 이후 세계에서 두 번째로 이뤄낸 성과였다. 그가 개발한 제품은 다 쓰러져 가는 회사를 기사회생시켰다. 이때 익힌 기술과 실적 덕분에 교세라를 창업하고 성공시키는 것도 가능했다.

한발 더 나아가 이 경험은 그에게 매우 중요한 가르침을 주었다.

"그때 불안에 굴하지 않고 어려운 일에 도전한 것이 오히려 좋은 기회를 가져다주었어요. 고난과 좌절은 내 인생의 전환점이었고, 가장 큰 행운이었습니다."

13

B 유형이란

✳

재연의 고백 아닌 고백이 참석자들 사이에 작은 반향을 일으켰다. 묵묵히 듣고만 있던 산이 조용히 손을 들었다. 사람들의 시선이 그에게로 쏠렸다.

"솔직히 말씀드리자면 저는 약간 다른 유형 같습니다. 최근에 뭐랄까, 슬럼프였는데요. 그 시작이 된 것이 몇 년 전 영화 '범죄의 세계'였습니다. 경쟁작이 저예산 영화라 방심했는데, 흥행에서 완전히 밀렸거든요."

목이 마른 듯, 산은 테이블 위에 놓인 물을 한 모금 마시고 이야기를 이어갔다.

"사실 한 번도 어디 가서 말한 적이 없는데…… 다음 작품에서 만회하지 않으면 그대로 고꾸라질 것 같았어요. 마침 대규모 자본이 투입되는 블록버스터 영화에 출연 제안이 들어왔죠. 솔직히 시나리오가 썩 마음에 들지는 않았지만 제작비가 많이 들어간 영화니까 기본은 할 거라고 믿었는데…… 뭐, 다들 잘 아시겠지만 그 영화가 폭삭 망해 버렸어요."

수염이 까칠하게 난 턱을 쓰다듬으며 산은 머쓱한 너털웃음을 지었다.

한편 지혁은 몸을 살짝 뒤로 뺀 채 의외라는 표정으로 참석자들을 바라보고 있었다.

'다들 생각보다 엄청 솔직하잖아.'

검사로서 늘 무언가를 숨기려는 사람들만 만나 본 그에게는 이 모든 광경이 신선한 충격으로 다가왔다.

'나름대로 사회적 위치가 있는 사람들이 처음 만난 자리에서 이렇게 솔직해지기도 쉽지 않은 일인데, 이게 바로 이서윤 선생의 힘인가?'

지혁은 문득 서윤이 어떤 사람인지 궁금해졌다. 아무런 이해관계가 없는, 처음 보는 사람들의 마음을 여는 힘은 어디서 나오는 걸까? 그는 호기심 어린 눈길로 서윤을 관찰했다.

"산 님, 경험을 나눠 주셔서 감사해요."

서윤이 부드럽게 답하며 미소를 지었다.

"이런 경우에는 Balance를 뜻하는 B 유형에 대해 설명 드리는 게 답이 될 수 있을 것 같아요. 우선 결론부터 말하면 불안이 찾아올 때 B 유형은 감정을 관리하는 것이 우선이에요. 주어진 행운을 순탄하게 활용하기 위해서는 불안이 일상의 균형을 깨뜨리지 않도록 하는 것이 핵심이거든요."

순간 지혁의 머릿속을 뭔가가 치고 지나가는 것 같았다.

"아, A 유형과는 대처방식이 많이 다르네요. A 유형은 마치 불안해지게 만드는 원인 자체를 향해 달려 나간다는 느낌을 받았거든요."

"네, B 유형에게도 시험 전날 벼락치기 하는 상황이 왔다고 가정해 보죠. 시험 범위를 살펴볼 때부터 '이걸 다 해낼 수 있을까?', '다 못 하고 시험을 망치면 어쩌지.' 하는 걱정 속에 불안감이 밀려올 거예요. 그러다가 문제를 몇 개 틀리기라도 하면 더 불안해지면서 책이 눈에 들어오지 않을 수도 있겠죠."

재연이 무언가 생각났다는 듯 손을 탁 치며 답했다.

"그러고 보니 고등학교 때 친한 친구도 그랬어요. 전교 최상위권 성적이었는데 딱 한 번 독감에 걸려서 몇몇 과목을 미리 공부하지 못한 거예요. 그래서 시험 전날 그 과목을 벼락치기로 했다는데, 전교 등수가 무려 50등 가까이 떨어지더라고요."

그때 산이 다시 손을 들더니 물었다.

"아까 B 유형에 대해 말씀하신 내용 가운데 감정을 관리한다는 말이 정확히 무슨 뜻인지…… 조금 더 자세히 알려 주시면 좋겠습니다."

산의 정중한 부탁에 서윤이 살짝 고개를 끄덕이고는 대답했다.

"B 유형의 경우 불안이 찾아오면 먼저 일상을 차곡차곡 쌓아 가는 것에 집중해야 해요. 지금 이 순간에 초점을 맞추고 자신 앞에 놓인 일에 집중하려고 노력하는 거죠."

산을 비롯한 사람들은 서윤의 말에 귀를 기울이고 있었다.

"섣부르게 결정을 내리거나 평소에 하지 않던 행동을 하는 것은 되도록 지양하시고요. 대신 운동이나 명상처럼 불안을 잊고 잠시 몰두할 수 있는 활동에 하루 30분 정도만 할애하시기를 추천드려요. 덧붙이자면 그 이상의 시간을 쓰시는 것도 그리 권하고 싶지는 않아요."

서윤의 어조는 일행을 따스하게 아우르는 듯했다.

"그리고 평소 습관대로 생활 속의 작은 루틴을 지켜 가는 것을 목표로 삼으세요. 일상생활을 잘 영위한다는 것은 생각보다 굉장히 많은 에너지를 필요로 하니까요."

서윤의 말을 뒷받침 하듯 호정이 이어서 말했다.

"맞아요. 저도 사실 많이 불안할 때는 아무것도 손에 잡히지 않거든요. 밥을 제때 챙겨 먹는 것조차도 버겁게 느껴지고요."

"B 유형인 분들이 불안을 다스리기 위해 효과를 본 실천법 하나를 소개해 볼게요. 지금 만약 중요한 시험에 대비하고 있다면 실제와 동일한 스케줄로 매주 모의 테스트를 보는 거예요. 그런 다음, 집에서 보던 것을 시험장과 비슷한 환경에서 보는 등 차차 실전과 비슷한 환경에 맞춰 가면 도움이 될 수 있어요."

서윤의 말을 들은 인재도 뭔가 생각났다는 듯 답했다.

"그러고 보니 올림픽에서 금메달을 딴 펜싱 선수가 방송에서 한 말이 생각납니다. 경기 중 상대의 발을 밟는 바람에 발목 부상을 당했고 이후 트라우마가 생겼다고 해요. 그것을 극복하기 위해 상대 선수의 발과 닮은 장애물을 앞에 두고 조금씩 그 주변으로 내딛는 훈련을 했다고 합니다. 조급해 하지 않고 점진적으로 불안을 다스린 덕에 트라우마를 극복했다고 하네요."

B 유형은 감정을 관리하는 것이 우선이에요. 주어진 행운을 순탄하게 활용하기 위해서는 불안이 일상의 균형을 깨뜨리지 않도록 하는 것이 핵심이거든요.

B 유형: 오프라 윈프리의 불안 다스리기

흑인 미혼모의 사생아로 태어난 오프라 윈프리Oprah Winfrey는 어머니와 아버지의 집을 오가며 불안정한 환경에서 자랐다. 어린 나이에 남자 친척들에게 성적 학대를 받았고 성폭행으로 임신한 아이를 열네 살에 출산했다. 그렇게 낳은 아이는 몇 주 만에 세상을 떠나고 말았다.

성장 환경 때문에 윈프리는 인간관계에서 심각한 불안을 느끼는 일이 많았다. 20대 시절에는 남자를 사귈 때마다 그들이 떠날지도 모른다는 불안감에 시달렸다고 한다. 한번은 남자 친구가 자신을 떠나지 못하게 하려고 그의 차 열쇠를 화장실 변기에 넣고 물을 내려 버린 적도 있었다.

이런 경험을 통해 그녀는 불안을 관리하며 에너지를 재충전하는 시간이 필요하다는 것을 깨달았다. 그래서 찾은 방법이 일요일 하루를 온전히 산책과 명상 등으로 채우며 자기 자신의 감정에 집중하는 것이었다.

"그렇게 하지 않으면 제가 불안에 취약해지면서 엄청난 스트레스를 받는다는 것을 알았죠."

자신만의 방법으로 불안을 잘 관리한 오프라 윈프리는 '토크쇼의 여왕'으로 불리며 20년 동안 최고의 토크쇼 진행자로 활동했고, 이후 자신의 이름을 딴 방송국까지 차리며 성공 가도를 달렸다. 「포브스」(2024년)에 따르면 현재 윈프리의 개인 재산은 3조 원을 훌쩍 뛰어넘는다.

"지금도 모든 것이 저를 압도하는 것처럼 느껴질 때면 사무실 문을 닫은 채 혼자만의 시간을 가져요. 쉽게 말해 제 자신만의 옷장 안으로 들어가는 거죠. 그렇게 가만히 앉아서 호흡을 가다듬곤 합니다."

그녀는 또 이렇게 말한다.

"하루아침에 갑자기 모든 불안이 다 사라지는 것은 아니에요. 저는 지금도 감정적으로 압박감을 느낄 때면 잠시 모든 것을 멈추고, 그 순간을 있는 그대로 받아들이려고 노력해요. 그동안 꾸준히 이 과정을 연습하면서 지금은 어느 정도 편안함을 찾았어요."

14

잠자고 있던 행운을 깨우다

✦

서윤은 사람들을 둘러보며 대화를 계속 이끌어 갔다.

"B 유형이 불안에 휩싸이는 이유 중 하나가 어떤 일을 생각할 때 자동적으로 리스크를 먼저 살피기 때문이에요. 특히 많은 분들이 평소 타인에게 폐를 끼치지 않겠다는 생각이 강하다 보니 자신의 욕망이 무엇인지 제대로 살펴보지 못했을 가능성이 높아요. 그런 의미에서 지속적인 불안은 내면에 숨어 있는 욕망을 알아채고 점검해 보는 기회가 될 수 있어요."

사람들이 공감한다는 듯 고개를 끄덕였다. 서윤은 설명을 이어갔다.

"그래서 B 유형이 불안을 느끼면 자신이 진정으로 원하는 것이 무엇인지 잘 알 수 있는 계기가 되기도 해요. 다시 말해 불안이 그 사람 안에서 잠자고 있던 행운을 깨우는 역할을 하는 거예요."

재연이 밝은 표정으로 이야기를 꺼냈다.

"제 동생이 그런 케이스였던 것 같아요. 회사 동기 중 한 명이 높은 연봉을 받고 다른 회사에 스카우트된 적이 있었어요. 심지어 그 동기가 다른 직원들 몇 명을 설득해 새로 옮긴 회사로 데려갔나 봐요. 동생도 그때 엄청 심란해 했어요. 새로운 직장을 알아봐야 하는 것은 아닌가 고민하면서 몇 주 동안 잠도 잘 못 자더라고요."

서윤은 재연의 말에 귀를 기울이고 있었다.

"어느 날 동생이 저한테 이런 말을 하는 거예요. 불안해하는 자신을 보면서 본인에게 일 욕심이 있다는 것을 알게 되었다고요. 앞으로 일도 더 열심히 하고 승진도 하고 싶다고도 했어요. 그렇게 1년 넘게 일에만 매진하더니 남들보다 몇 년 빠르게 팀장으로 승진했어요. 동기들이 우르르 나가는 통에 오히려 기회가 생겼다고 하면서요. 그러고 보니 동생도 불안을 통해 자신이 원하는 것을 알게 된 것 같네요."

서윤이 미소를 지으며 고개를 끄덕였다.

"네, 불안 속에서 자신에게 맞는 전략을 사용했기 때문에 내면의 욕구를 깨닫게 된 거예요. 좋은 사례네요."

이번에는 호정이 위로가 된다는 표정으로 답했다.

"마치 저에게 해 주시는 말씀 같아요. 항상 다른 사람들의 입장을 먼저 생각하다 보니 제가 원하는 것이 무엇인지는 거의 신경 쓰지 않고 살았거든요."

호정의 말에 서윤이 따뜻하게 응수했다.

"그동안 정말 수고 많으셨어요. 호정 님처럼 살아오신 분들이 이 기회를 통해 스스로를 더 이해하고 존중하기 시작하면 의외로 좋은 일들이 생기는 경우가 많아요. 한 가지 덧붙이자면 호정 님이 세상에 보낸 배려와 사랑은 결코 낭비되지 않을 거예요."

다정한 서윤의 말에 호정의 목구멍으로 뭔가 뜨거운 것이 울컥 치솟았다.

서윤이 분위기를 편안하게 이끌자 그때까지 잠자코 있던 산도 입을 열었다.

"과거를 돌아보니 저도 B 유형이 아닐까 하는 생각이 듭니다. 블록버스터 영화를 선택했던 때를 돌아보면 그 시기 제가 불안감을 다스리지 못해서 성급하게 판단한 것이 패착이었던 것 같아요. '나는 흥행 영화에 출연하는 배우야.

아직 건재해.' 뭐 이런 것을 보여주고 싶었던 거죠."

서윤이 따뜻한 미소를 지으며 대답했다.

"그 경험 덕분에 오늘 모임에서 나온 이야기를 받아들이는 깊이가 남다르셨을 것 같아요. 앞으로 불안이 찾아올 때 어떻게 대응해야 하는지 보다 확실히 방향을 정하셨을 거 같고요. 과거를 정의하는 것은 현재예요. 지금 깨달음을 얻는 데 도움이 되었다면 그 과거는 산 님에게 가치 있는 재산이 되었을 거예요."

"지금 흔들린다 해도 우리는 계속 목적지를 향해 나아가고 있음을 잊지 말아요. 여전히 안전해요. 불안을 목적지에 도착하는 과정의 일부로 받아들이면 그것을 떨쳐 내기 위해 과장된 행동을 하지 않을 수 있지요. 영혼이 이끄는 대로 편안함을 따라 행동한다면 자연스럽게 행운을 끌어올 수 있어요."

—⟨더 해빙⟩

B 유형이 불안을 느끼면 자신이 진정으로 원하는 것이 무엇인지 잘 알 수 있는 계기가 되기도 해요. 다시 말해 불안이 그 사람 안에서 잠자고 있던 행운을 깨우는 역할을 하는 거예요.

15

행동하는 나

✳

"말씀을 정리해 보면 A 유형은 불안을 원동력으로 삼아 앞으로 나아가야 하고, B 유형은 먼저 불안한 마음을 가라 앉히고 균형을 잡아야 하는 거 같습니다."

인재가 대화 내용을 요약하자 서윤이 미소를 띠며 고개를 끄덕인 뒤 부연 설명을 덧붙였다.

"네, 맞아요. 비유해 보자면 지금 여러분은 항해에 나선 셈이에요. 이럴 때 A 유형은 불안을 연료로 태우면서 앞으로 나아가야 해요. 아무것도 하지 않는다면 배는 그대로 가라앉을지도 몰라요."

참석자들 역시 저마다 고개를 끄덕이며 서윤의 설명에

귀를 기울였다.

"반면 B 유형은 불안의 에너지를 흩어지게 하면서 배가 잘 떠 있도록 균형을 잡는 것이 우선이에요. 불안 때문에 배가 지나치게 흔들리거나 뒤집히지 않도록 일상을 잘 유지하는 거죠. 그렇게 흘러가다 보면 목적지까지 순탄하게 데려다줄 이로운 물살을 타게 될 수 있어요. 항해 과정에서 반짝거리는 행운을 발견할 수도 있고요."

"A 유형과 B 유형의 차이에 대해서는 잘 이해했습니다. 문제는 제가 어디에 해당하느냐 하는 건데…… 솔직히 좀 헷갈리기도 합니다."

상우의 말에 몇몇 참석자들도 공감한다는 듯 고개를 끄덕이며 서윤을 바라봤다. 그녀는 이들을 부드러운 시선으로 바라보았다.

"충분히 가능한 일이에요. A 유형이냐 B 유형이냐 하는 문제는 혈액형처럼 분명하게 나뉘는 것이 아니라 어떤 범위를 나타내는 스펙트럼에 가깝다고 할 수 있어요."

상우가 알겠다는 듯 고개를 끄덕이며 말했다.

"아, 그런 경우에도 결국 택해야 할 전략은 하나인 거죠?"

"맞아요. 불안에 대응해서 운을 활용하려면 그때 취해야 할 전략은 하나예요. 제가 다음 시간에는 자신이 어떤 유형인지 돌아볼 수 있는, 보다 구체적인 방법을 알려 드릴게요."

모임이 서서히 정리되고 있을 때 재연이 손을 들고 씩씩하게 말했다.

"선생님, 오늘 마지막으로 좋은 말씀 하나 부탁드리겠습니다."

살짝 고개를 끄덕인 뒤 서윤이 미소를 지으며 답을 했다.

"지금 우리 손 안에 있는 것이 꼭 최고의 것이 아닐 수 있어요. 운명이 주는 더 좋은 선물을 받기 위해서는 손을 펴고 그 안에 쥐고 있는 것을 놓아버릴 수 있어야 해요. 그런데 보통 그것을 놓는다는 것이 쉽지 않죠."

사람들이 공감간다는 듯 고개를 끄덕였다.

"지금 불안이 왔다는 것은 손 안에 쥐고 있는 것을 놓게 하기 위한 운명의 호의일 수 있어요. 이때 운이 주는 신호를 잘 받아들이고, 필요한 행동을 해서 우리가 얻어야 하는 교훈을 얻는다면 결국 우리 손 안에 최고의 것들이 놓여 있을 거예요."

사람들은 저마다 고개를 끄덕였다. 서윤이 잠시 미소를 지은 뒤 포근한 눈길로 사람들을 천천히 둘러봤다. 그러고는 부드러우면서도 분명한 어조로 말했다.

"삶이란 여러 모습의 '나'를 찾고 그런 자신을 하나로 통합해 가는 여정이에요. 다시 말해 내면의 새로운 '나'를 일깨워서 만나고 그 과정에서 만나는 자기 자신을 사랑해 가는 과정인 거죠. 불안이 강하게 찾아오는 시기가 가지는 의미도 여기에 있어요. 이 시기는 바로 '행동하는 나'를 일깨워야 할 때예요. 그렇게 만난 나를 많이 반기고 사랑해 주셨으면 해요."

서윤의 말을 마지막으로 사람들은 자리에서 일어나 서로 인사를 나눈 뒤 헤어졌다. 불과 몇 시간 전, 이곳을 찾았을 때에 비하면 돌아가는 발걸음은 한결 가벼워져 있었다. 그들이 사라진 밤거리 위로 모두를 감싸안듯 보름달이 따뜻하게 빛나고 있었다.

> 불안이 강하게 찾아오는 시기는 바로 '행동하는 나'를 일깨워야 할 때예요. 그렇게 만난 나를 많이 반기고 사랑해 주셨으면 해요.

Part 3

자기 자신을 알기 위한 여행

16

엄마와 딸

✳

어두운 조명 아래, 호정은 소파에 앉아 연신 벽시계를 쳐다보고 있었다.

'벌써 10시 30분이잖아. 학원 갔다가 돌아올 시간인데…… 왜 안 오지?'

딸 지우가 자퇴하겠다고 선언한 이후 호정은 매일 가시방석에 앉은 듯한 기분이었다.

'중간고사 성적표가 나올 때가 지났는데 왜 아직도 안 보여주는 거야. 얘가 진짜…… 요즘 무슨 생각을 하는 건지 도통 알 수가 없네.'

삑삑삑삐.

키패드 눌리는 소리가 들리자 호정은 얼른 현관으로 달려 나갔다. 무표정한 얼굴의 지우가 고개를 숙이고 안으로 들어왔다. 호정이 애써 밝은 표정으로 물었다.

"잘 다녀왔어? 엄마가 과일 갖다 줄 테니까 얼른 씻고 쉬어."

하지만 딸은 아무런 대꾸도 없이 찬바람을 일으키며 문을 쾅 닫고 방으로 들어가 버렸다. 잠시 멀거니 닫힌 방문을 바라보던 호정이 어금니를 단단히 물었다.

'오늘은 꼭 이야길 들어야 해. 얘가 도대체 무슨 생각인 건지.'

그녀가 문을 두드리자 지우가 무표정한 얼굴로 방문을 열었다. 호정은 딸의 방으로 들어가 자연스럽게 침대에 걸터앉으며 대화를 시도했다.

"지우야, 왜 자퇴를 한다는 건지 얘기 좀 해 봐. 엄마도 알아야 할 것 아니야."

호정은 최대한 감정을 가라앉히고 차분하게 물었다. 화난 사람처럼 벽만 응시하던 지우가 서랍을 열더니 말없이 종이 한 장을 내밀었다. 호정이 궁금해했던 중간고사 성적표였다. 딸이 보여준 종이에는 난생처음 보는 등수가 찍혀 있었다.

'아, 성적이 많이 떨어졌구나. 이것 때문에 스트레스가 심해서 자퇴할 생각을 한 건가?'

호정은 놀란 표정을 숨기려고 애쓰며 지우를 위로했다.

"괜찮아. 성적이 안 나올 수도 있지. 솔직히 그동안 네가 시험 때 벼락치기로만 공부했잖아. 앞으로는 엄마가 말한 대로 평소에 차근차근 공부하면 돼."

지우는 호정의 얼굴을 쳐다보지도 않은 채 따발총처럼 대꾸했다.

"나는 그게 잘 안된다고! 평소에, 조금씩, 차근차근, 다 어려워. 시험 때가 돼야 집중이 잘되는 걸 어떡해? 그러니까 나 그냥 자퇴할래. 내신 안 하고 검정고시 봐서 정시로 가면 되잖아."

지우의 말을 듣자마자 호정의 마음속에서 불안감이 확 올라왔다.

'얘가, 지금 이걸 말이라고 하나? 대학 입시까지 벼락치기를 한다고? 학교 밖은 완전 정글인데 아예 딴 세상이라는 걸 모르네. 잘못해서 나쁜 친구들이랑 어울리거나 마약 같은 것에 빠지면 어떡하려고 저래…….'

화가 치밀면서 동시에 불안한 생각이 먹구름처럼 커져 갔다. 뭐라 한마디 하려던 찰나 모임에서 들었던 서윤의 말이 불현듯 떠올랐다.

"불안한 감정이 든다는 것은 눈앞에 초록 신호등이 켜진 거예요. 이 신호등은 우리가 효율적이고 안전하게 길을 건너도록 도와주죠."

서윤을 만나기 전이었다면 안 된다는 말부터 튀어나왔겠지만 지금은 달랐다. '초록 신호등'이라는 말만 떠올려도 마음이 조금 진정되는 것 같았다. 어디선가 시원한 바람이 불어오는 것처럼 숨통이 트이는 듯도 했다.

'그래, 불안은 운의 시그널이라고 했어. Favor의 관점으로 봤을 때 이 감정은 나에게 도움이 되는 신호인 거야. 그럼 내 대처방안도 달라져야 돼.'

관점만 바꿨을 뿐인데 두근대던 심장이 가라앉기 시작했다. 정신없이 커져 가던 불안감도 한풀 꺾였다. 호정은 마음을 진정시키며 지우에게 말했다.

"무슨 뜻인지 알겠어. 다음에 다시 이야기하자."

지우는 대답하지는 않았지만, 호정이 보인 뜻밖의 태도에 조금 누그러진 듯 보였다.

문을 닫고 안방으로 돌아온 호정은 침대에 앉아 곰곰이

생각에 잠겼다.

"아무리 그래도 수능까지 벼락치기로 하겠다는 건 말이 안 돼. 공부는 평소에 차근차근 해야 하는 건데…… 하여튼 도저히 이해할 수 없어. 어, 그런데 혹시……?"

불현듯 어떤 생각 하나가 호정의 머릿속을 빠르게 지나갔다. 동시에 모임에서 들었던 서윤의 말도 떠올랐다.

"A 유형은 불안을 연료로 태우면서 앞으로 나아가야 해요. 반면 B 유형은 불안의 에너지를 흩어지게 하면서 배가 잘 떠 있도록 균형을 잡는 것이 우선이죠."

'혹시 쟤가 나랑 불안에 대응하는 유형이 다른 건가? 그러고 보니 지우는 어릴 때부터 유독 실전에 강했잖아. 지금 내 생각을 강요하는 것이 좋지 않을 수도 있겠어…….'

불안에 대처하는 전략이 다를 수 있다는 생각만으로도 마음이 다소나마 편안해졌다. 그녀는 보다 차분해진 마음으로 불을 끄고 잠자리에 누웠다.

평생 모범생으로 자신의 삶을 차근차근 쌓아올렸던 자신, 그리고 전혀 다른 딸. 지우에게 맞는 방식은 다를 수 있다고 그동안 생각은 해 왔지만 호정 자신도 모르는 길을 알려줄 수는 없었다. 하지만 서윤의 말을 떠올리자 딸에게 적합한 방식이 무엇일지 조금씩 윤곽이 잡히기 시작했다.

'어휴, 이렇게 서로 다르다는 것을 몰랐으면 지금쯤 애랑 대판 싸우고 잠도 못 잤을 텐데 다행이다.'

사고를 전환하고 나니 참 많은 것이 바뀌어 가고 있었다. 긴장으로 늘 굳어 있던 어깨가 조금 풀리는 것도 같았다.

몸과 마음이 편안해지면서 호정은 저도 모르게 깊은 잠에 빠져들었다.

17

3W1H 메모

✳

첫날과는 달리 어느 정도 안면을 익힌 참석자들은 서로 안부를 묻거나 가벼운 잡담을 나누었다. 화기애애한 분위기 속에서 서윤이 나타나 자리를 잡고 앉았다.

"저는 지난번 모임 이후에 확실히 마음이 좀 편안해진 것 같습니다. 불안에 대한 두려움이 많이 줄었어요."

상우가 한층 밝아진 얼굴로 가장 먼저 말문을 열었다.

"저희가 지금 신규 게임 론칭을 앞두고 있는데 문제가 좀 있었습니다. 개발자 몇 명이 중국 게임 회사로 스카우트되어서 퇴사해 버렸거든요. 예전처럼 운을 수동적인 관점에서 봤다면 이럴 때 불안에 압도되어 길을 잃었을지도 모르겠습니다."

심상치 않은 상우의 경험담에 사람들이 귀를 기울였다.

"그런데 이번에는 달랐습니다. Favor의 관점으로 바꿔서 생각했거든요. '불안이 무조건 불운을 불러오는 것은 아니다. 운의 시그널이 될 수 있다.' 그 말만 떠올렸는데도 마음이 한결 편해졌어요. 더 이상 제 감정을 두려워할 필요가 없다는 생각만으로도 빨리 정신 차리고 일을 수습할 수 있었습니다."

상우의 말에 서윤이 흐뭇한 미소를 지어 보였다.

이번에는 산이 조금 민망한 듯 뒷머리를 긁고는 말했다.

"저는 A 유형인지 B 유형인지 아직도 확실히 판단이 안 서서 계속 내가 어떤 유형일까 그것만 생각했습니다. 그러다 보니 잊었던 기억들이 툭툭 떠오르기도 해서 스스로를 돌아보는 시간도 가졌고요."

"네, 그래서 오늘은 예전 일들을 돌아보며 자신이 A 유형인지, B 유형인지 알아보는 방법을 말씀드리려고 해요."

서윤이 싱긋 웃으며 이야기를 시작했다.

"내가 어떤 유형인지 알려면 먼저 과거의 경험을 살펴봐야 해요. 행운을 발견할 수 있는 단서는 스스로의 역사 속에 있는 법이거든요. 우선 제가 소개해 드릴 방법은

'3W1H 메모'예요. 네 가지 항목으로 나누어서 과거의 일을 정리해 보는 거죠."

3W1H 메모 적는 법

When: 불안을 크게 느꼈을 때가 언제였는지

Why: 어떤 이유 때문에 불안을 느꼈는지

How: 그 사건이 일어났을 때 어떻게 대응했는지

What happened?: 그때 내린 결정이 단기, 장기적으로 각각 어떤 결과를 가져왔는지

"꼭 길게 쓰실 필요는 없지만 손 글씨로 직접 써 보는 것을 추천해 드려요. 말로 하는 것이 더 편하신 분은 녹음도 괜찮아요."

서윤의 말이 끝나자 지혁이 손을 들고 질문했다.

"단기적 혹은 장기적인 결과라고 하셨는데 그 기간을 어느 정도로 생각하면 되겠습니까?"

서윤이 명쾌하게 답했다.

"단기는 최소 3~8개월 이내에 일어난 일들, 장기는 최대 5~7년 뒤에 일어난 일들을 돌아보고 평가한 뒤 적어 주시면 돼요."

사람들은 각자 펜을 꺼내 들고 서윤이 알려 준 메모법을 받아 적었다. 서윤은 그들을 찬찬히 둘러보다가 입을 열었다. 그녀의 말에는 따뜻한 격려와 지지가 담겨 있었다.

"한 가지 당부드릴 것이 있어요. 제가 과거를 돌아보라고 한 것은 지나치게 감정에 젖어 들어 후회를 하거나, '그때 내가 이런 잘못을 했구나.' 하고 새삼스럽게 반성하라는 뜻이 아니에요."

몇몇이 메모를 멈추고 그녀의 이야기를 경청했다.

"사실 이건 제가 기업을 경영하시는 분들께 적용해서 효과를 봤던 방법인데요. 여러분 스스로 기업의 전략을 세우는 사람이라고 가정하고 메모를 쓰는 거예요. '나'라는 기업이 취할 전략을 세우기 위해 자기 자신을 분석하는 과정을 거치는 셈이죠. 메모를 쓰실 때는 이렇게 제삼자처럼 객관적인 거리를 유지하고 쓰는 것이 좋아요."

> 3W1H 메모를 쓰면서 과거를 돌아볼 때는 '나'라는 기업을 분석하듯 객관적인 거리를 유지하세요.

자기 성찰 능력과 메타인지

유니버시티칼리지런던UCL 스티븐 플레밍Stephen M Fleming 교수는 사람의 뇌를 연구하다 자기 성찰self-reflect 능력이 좋은 사람들에게 공통점이 있다는 사실을 발견했다. 그것은 뇌의 전전두엽 피질 부위에 회백질이 더 많다는 것이다.

전전두엽이란 뇌에서 논리적 판단, 추리력, 문제해결 능력 등 고차원적인 인지와 계획 능력을 담당하는 부분이다. 실험에 따르면 자기 성찰을 잘하는 사람들은 다른 사람보다 이 부위의 신경 세포가 많고 또 활성화되어 있었다.

플레밍 교수는 이 실험에서 측정한 자기 성찰 능력이 곧 '메타인지metacognition'라고 정의했다. 자신이 틀릴 수 있음을 받아들이고 언제든 마음과 행동을 바꾸겠다는 태도가 곧 메타인지라는 뜻이다.

연구에 따르면 똑똑하거나 아는 것이 많다고 항상 메타인지가 좋은 것은 아니다. 플레밍 교수는 "메타인지가 뛰어난 사람들은 자신의 판단이 옳았을 때 강한 자신감을, 틀렸을 때 약한 자신감을 보인다. 반면 메타인지가 좋지 않은 사람들은 반대로 자신이 틀렸을 때는 강한 자신감을, 자신이 옳을 때는 약한 자신감을 드러내곤 한다."라고 밝혔다.

반가운 소식은 메타인지는 훈련과 경험으로 어느 정도 향상시킬 수 있다는 점이다. 전문가들은 명상이나 자기 인식, 글을 읽고 쓰는 것, 셀프 테스트 등을 메타인지를 향상시키는 데 효과적인 방법으로 추천하고 있다.

"아는 것을 안다고 하고 모르는 것을 모른다고 하는 것, 그것이 곧 앎이다." 知之爲知之 不知爲不知 是知也 ─〈논어〉

18

스스로의 역사

✳

서윤의 설명을 듣고 참석자들이 고개를 끄덕였다. 그런데 갑자기 인재가 뜻밖의 제안을 했다.

"작가님, 괜찮으시다면, 오늘 이 자리에서 메모를 써 보는 것이 어떨까요?"

인재의 말을 들은 상우가 유쾌하게 웃으며 맞장구쳤다.

"좋은 아이디어입니다. 당연히 찬성이고요."

서윤도 동의한다는 듯 싱긋 미소를 지었다.

모두 메모를 쓰기 시작했을 때 인재가 손을 들더니 추가 질문을 했다.

"작가님, 제가 한 번 써 보자고 제안했지만 막상 빈 종이를 보니까 좀 막막한데요. 어떤 주제부터 살펴 보는 게 좋겠습니까? 어릴 때 일부터 쓰는 게 나을지요?"

강사다운 인재의 질문에 서윤이 고개를 살짝 끄덕이며 답했다.

"최근 10년 이내에 일어났던 일부터 역순으로 돌아보시는 것이 좋아요. 분야는 공적인 영역과 사적인 영역으로 나눠서 쓰시고요. 오늘은 첫날이니 가까운 과거에 있었던, 공적인 사건들 위주로 한번 적어 보세요."

편안하게 쓸 시간을 주려는 듯 서윤이 잠시 자리를 비웠다. 그사이 참석자들은 각자의 메모를 천천히 또는 빠르게 써 내려갔다.

재연의 3W1H 메모

When: 박사를 따고 국내 대기업에서 일한 지 3년 차 되던 해. 이직에 대해 심각하게 고민하고 있었다.

Why: 스탠포드 동기 중 한 명이 구글에 스카우트되어 승승장구한다는 소식을 들었다. 나는 하루하루 버티고 있는데 빅테크 기업에서 일하는 동기들은 빠르게 성장하고 있다고 생각하니 많이 불안했다.

How: 나도 당장 빅테크 기업에 자리를 알아봐야 하나 고민했다. 그런데 회사에서 연말 보너스를 올려 주고 승진도 1년 앞당겨 주겠다고 제안했다. 그 말을 듣고 이직에 대한 마음을 접었다.

What happened:

• 단기적 결과 | 남아 있기로 결정하자 마음이 좀 편해졌다. 연말 보너스도 많이 나와서 만족감도 커졌다.

• 장기적 결과 | 이직을 고민했던 그때가 실리콘밸리에서 AI 기술이 급성장했던 변곡점이었다. 그때 빅테크로 옮겼다면 지금쯤 오픈 AI나 구글 같은 회사에서 요직을 맡고 있었을 것이다.

톡톡.

재연의 펜이 멈추었다. 그녀는 잠시 펜으로 메모지를 두드렸다. 그러고는 자신이 적은 메모를 찬찬히 읽어 보았다.

'아, 이 일에 대해서는 늘 찜찜한 기분으로 후회하고 있었는데 이렇게 보니까 인과관계가 좀 분명해지네. 불안감이 찾아왔던 그 시기에 눌러앉지 않고 앞으로 돌진했다면 어땠을까?'

메모지와 펜을 내려놓은 재연은 팔짱을 낀 채 곰곰이 생각해 보았다.

'이렇게 보니 불안이 운의 신호라는 말도 좀 알 것 같아. 그때가 내 커리어에서 중요한 포인트였던 거야.'

인재의 3W1H 메모

When: 인강 데뷔 2년 차, 강사 순위가 오르며 본격적으로 상승세를 탐.

Why: 당시 사탐 1위였던 임상협이 술자리에서 스타트업에 수억 원을 투자해 다섯 배 이상 불렸다고 거들먹거림. 게다가 그 사건 직전에 이혼을 하게 되면서 돈에 대한 불안감이 커진 상태였음. 얼마 후 인강을 찍으며 알게 된 PD 한 명이 사모펀드에 투자하라고 찾아옴. 하버드 MBA를 졸업한 금융 전문가가 조성한 펀드이고 재벌과 유명 연예인도 참여했다며 홍보함.

How: 뭐에 씌었는지 자세히 알아보지도 않고 거액을 덜컥 펀드에 넣었음.

What Happened:

• 단기적 결과 | 투자자들의 책을 읽으며 낙관적인 미래를 그리고 있었음.

• 장기적 결과 | 해당 사모펀드는 실체가 없었던 것으로 밝혀짐. 다른 투자자들이 그 PD를 고소하면서 전말을 알게 됨. 결국 투자금을 전부 잃었음.

쓰기를 마친 후, 인재는 작성한 메모를 다시 한번 보며 씁쓸하게 웃었다.

'어디 가서 말도 못 하고 혼자 끙끙 앓았던 문제인

데…… 이렇게 써 놓고 나니 좀 시원하다.'

그는 펜을 들고 메모를 하나씩 짚어 보았다.

'냉철하게 한 번 분석을 해 보자. 그때 왜 그렇게 욱해서 결정했던 거지? 재수 없는 임상협이 나를 긁어 대는 통에 불안감이 커졌고, 조급한 마음에 사모펀드에 돈을 넣어 버린 거였군. 결국 불안감이 문제였어.'

여기까지 생각한 인재는 고개를 갸웃거리며 종이를 조금 더 들여다봤다.

'그때 성급하게 결정하지 않고 B 유형 전략을 취했어야 했나? 감정을 다스리고 일상에 충실하면서…….'

인생 후반에 전성기가 오는 사람들이
좋은 운을 더 잘 활용하는 이유는 어려움에 대한
내성이 있기 때문이에요.
자신이 틀릴 수 있다는 것을 인정하는 장점도 있고요.
덕분에 협업에 유리하고 새로운 해결책도
유연하게 받아들이죠.

19

단기적인 결과 vs 장기적인 결과

✳

모처럼 스스로를 돌아본 인재가 손을 들고 말했다.

"이렇게 메모를 써서 보니 제 패턴을 파악하는 데 크게 도움이 됩니다. 다만 제가 A 유형인지 B 유형인지는 확신이 안 서네요."

인재의 말을 들은 서윤이 차분하게 대답했다.

"평소 자기 결정을 돌아보며 의미를 찾으려고 하는 것이 말처럼 쉬운 일은 아닌데 훌륭하세요. 그리고 말씀하신 대로 아직은 A 유형인지 B 유형인지 확실하게 판단하려고 하지 않으셨으면 해요. 각 유형마다 빠질 수 있는 함정이 있거든요. 그 때문에 자신에게 맞는 전략을 썼는데도 제대로 결과가 나오지 않을 수도 있어요. 유형 별로 주의해야 할 점에 대해서는 다음 시간에 자세하게 설명해 드릴게요."

이번에는 잠시 기다리고 있던 재연이 입을 열었다.

"메모를 쓰면서 생각해 보니 같은 A 유형 전략을 썼어도 분야에 따라 결과가 너무 달라지더라고요. 일을 할 때는 불안을 향해 돌진했을 때 좋은 기회를 잡았는데 남녀 관계에서는…… 흠, 같은 방법을 써도 잘 안 먹혔어요. 마음에 드는 이성이 생기면 경쟁자에게 뺏길까 봐 불안해 몇 번 대시하기도 했는데 열이면 열, 제가 다 차였지 뭐예요."

재연은 자기가 말해 놓고도 민망한 듯 마른세수를 했다. 그녀의 솔직한 발언에 사람들도 공감한다는 듯 미소를 지었다. 재연이 말하는 내내 따뜻한 시선으로 그녀를 바라보던 서윤이 맑은 음성으로 답했다.

"재연 님이 잘 짚어주셨네요. 말씀하신 대로 공적인 부분이냐 사적인 부분이냐에 따라 통하는 전략이 각각 다를 수 있어요."

그때 지혁이 신중한 말투로 입을 열었고 사람들의 시선이 그에게로 쏠렸다.

"제가 메모에 썼던 사건은 장단기 결과가 너무 달랐습니다. 선택을 내린 직후에는 일이 잘 풀리는 것처럼 보였거든요. 그런데 돌아보니 결과적으로는 패착이네요."

그는 아쉬운 듯 손으로 턱을 어루만졌다. 서윤이 고개를 끄덕였다.

"네. 좋은 운이 시작되는 시점에 의외로 좋지 않아 보이는 일이 생기는 경우가 상당히 많아요. 그 사건을 계기로 평소와 다른 방향으로 행동하게 되거나 꼭 필요한 배움을 얻고 눈에 띄게 성장하기도 하죠. 혹은 좋은 인연을 만나기도 하고요."

어느새 사람들은 지혁에게서 시선을 거두고 서윤의 말에 집중하고 있었다.

"예컨대 좋은 사람을 만날 시기가 되면 사귀고 있던 이성 친구에게서 생각지도 않던 안 좋은 면이 드러나면서 헤어지게 되는 경우가 있어요. 더 좋은 사람을 만나기 위해 잠시 안 좋은 일처럼 보이는 일이 생기는 경우죠."

서윤은 설명을 이어갔다.

"반대로 좋지 않은 운의 초입에는 얼핏 봤을 때 좋은 일처럼 보이는 사건들이 일어나기도 해요. 하지만 그런 일들 때문에 장기적으로는 큰 위험에 빠질 수 있어요."

그때 주변 사례들을 생각하던 상우가 뭔가 떠올랐다는

듯 말했다.

"말씀을 들으니 제 후배 녀석이 생각납니다. 몇 년 전 처음 들어 보는 코인 하나를 권하더라고요. 처음에는 작게 시작했던 것 같은데 거기서 좀 재미를 봤나 봐요. 얼마 안 가서 잘되던 가게 하나를 정리해 코인에 올인했다고 하더라고요."

상우는 잠시 물 한 모금을 마신 뒤 이야기를 이어갔다.

"그런데 한참 후 무슨 코인이 0원으로 폭락했다는 기사를 봤어요. 알고 보니 후배가 투자한 바로 그 코인이었죠. 그 후 후배가 여기저기 돈 빌리러 다닌다는 소문이 돌았는데…… 이제는 어디 가서 뭐 하는지 아무도 모른다고 합니다."

제 앞에 놓인 잔을 들던 재연도 주변에서 본 예를 하나 꺼냈다.

"저도 비슷한 사례가 떠올라요. 몇 년 전에 회사에서 능력 있다고 소문난 임원 한 분이 계셨는데 파격적인 인사 덕분에 선배들을 제치고 사장이 됐어요. 그런데 승진한 지 1년도 안 되어서 전임 사장 밑에 있던 직원 때문에 횡령 사건이 터졌어요. 신임 사장님은 그 일 때문에 조사를 받는다고 왔다 갔다 하더니 결국 책임을 지고 물러나더라고

요. 그렇게 빨리 사장이 되지 않았더라면 그런 일도 없었
을 텐데 말이죠."

좋은 운이 시작되는 시점에 의외로 좋지 않아 보이는 일이 생기
는 경우가 상당히 많아요. 그 사건을 계기로 평소와 다른 방향으
로 행동하거나 꼭 필요한 배움을 얻고 눈에 띄게 성장하기도 하
죠. 혹은 좋은 인연을 만나기도 하고요.

구글 창업자들이 누린 최대의 행운

"운에 대한 질문: 비즈니스 역사상 가장 큰 행운이 된 사건은 무엇인가요?Luck: What is the luckiest business break ever?"

2015년 인터넷 커뮤니티 쿼라Quora에 위와 같은 질문이 올라왔다. 이 글에는 수많은 답변들이 달렸는데 그중 가장 많은 '좋아요'를 받은 것은 하버드 비즈니스 스쿨 교수인 쉐인 그린스타인Shane Greenstein이 올린 답변이었다. 그린스타인 교수는 다음과 같이 답했다.

"(구글의 창업자인) 래리와 세르게이가 그 누구보다 운이 좋았다고 생각한다. 그들은 학생들에게는 인기가 좋았으나 정작 그 산업에 종사하는 다른 이들에게는 인기가 없었다. 덕분에 그들의 기술을 라이선스로 주지 않았고, 자신들만의 사업을 시작할 수 있었다."

그린스타인 교수는 그렇게 생각한 이유에 대해 다음과 같이 설명했다. 구글의 창업자인 래리 페이지와 세르게이 브린은 스탠포드 대학에서 박사 과정을 밟던 중 '페이지 랭크Page-Rank'라는 서비스를 개발했다. 당시 그들은 이 서비스보다는 박사 학위를 취득하는 데 관심이 있었다. 그래서 학교를 곧바로 그만두지 않고 스탠포드 학내에서 시험적으로 서비스를 론칭했다.

페이지 랭크는 스탠포드 대학 내에서 예상치 못한 인기를 끌었다. 용기를 얻은 페이지와 브린은 이 제품을 라이선스해 주고 수익을 내보겠다고 결심했다. 하지만 일은 계획대로 흘러가지 않았다. 두 창업자가 실리콘밸리에 가서 많은 사람들을 만났으나, 아무도 그들의 서비스에 관심을 기울이지 않은 것이다.

그린스타인 교수는 이렇게 말한다.

"생각해 보라. 그때 어떤 사람이 그들에게 수백만 달러를 투척했다면 두 창업자는 원래 계획한 대로 학교로 돌아가 박사 과정을 끝마쳤을지도 모른다."

하지만 그런 일은 일어나지 않았다. 덕분에 두 창업자는 학교로 돌아가지 않고 검색 서비스를 직접 개발하겠다고 마음먹었다. 오늘날의 구글은 그렇게 탄생하게 되었다.

20

늦게 피는 꽃

✳

"**선**생님, 오늘 메모를 쓰면서 과거를 돌아보니 제가 불안 때문에 잘못된 선택을 한 사건이 무엇이었는지 좀 알 거 같아요. 한편으로는 반성도 되네요. 그동안 저는 외부에서 원인을 찾았거든요."

생각에 잠겨 있던 호정이 조심스레 속내를 털어놓자 서윤이 미소를 지으며 답했다.

"호정 님, 역시 남다르세요."

"네?"

놀란 듯한 호정의 얼굴을 보며 서윤이 다정하게 말했다.

"스스로의 결정과 그로 인한 결과에 대해 온전히 책임

지려는 자세를 가진다는 것은 쉽지 않은 일이에요. 과거의 실수나 잘못된 선택에 대해 아예 덮어 버리거나 다른 사람 또는 환경 탓으로 돌려 버리는 것이 훨씬 쉽고 일반적이거든요."

서윤은 말 한 마디 한 마디에 단단하게 힘을 주며 덧붙였다.

"운의 관점에서 보면 자신의 판단과 선택을 책임지려는 자세는 아주 중요해요. 그것이 본인의 그릇을 키울 줄 아는 사람들이 보이는 공통점이기도 하고요. 다만 너무 자책하지는 마세요. 어떤 일에 대해 책임을 지는 것과 그것이 모두 내 탓이라고 하는 것은 다르니까요."

말을 마친 서윤은 잠시 호정의 눈을 바라보았다. 서윤의 눈길을 마주 대하는 동안 호정은 힘을 얻는 기분이 들었다.

"이제 살짝 분위기를 바꿔서 요즘 유행하는 밸런스 게임 (서로 다른 선택지를 주고 둘 중 하나를 선택하는 게임) 문제를 하나 내 볼게요. 인생을 살다 보면 누구나 전성기라고 할 만큼 좋은 운이 오는 시기가 있죠. 그 시기가 인생의 전반부에 있는 것과 후반부에 있는 것, 둘 중 어떤 것을 선택하시겠어요? 참고로 운의 크기는 둘 다 비슷하다고 했을 때요."

서윤의 말에 참석자들이 흥미로운 표정을 짓더니 각자의 생각을 말했다.

가장 먼저 눈을 살짝 위로 뜨고 생각하던 상우가 활기차게 입을 열었다.

"저는 후반부에 좋은 운이 오는 것을 택하고 싶습니다. 주변에서 보면 젊었을 때 산전수전 다 겪고 남들이 은퇴하는 나이가 되어서야 탄탄하게 사업을 키워 낸 분들이 있는데요. 그분들이 주는 감동이라는 것이 있더라고요."

그의 말에 지혁도 동의한다는 듯 고개를 끄덕이며 말했다.

"저도 같은 생각입니다. '끝이 좋으면 다 좋다.'라는 말도 있으니까요."

한편 재연은 고개를 살짝 갸웃했다.

"신입사원들과 비슷한 얘기를 한 적이 있는데 그 친구들 생각은 다르더라고요. '영앤리치, 영앤리치' 하는 말처럼 일찍 큰돈을 벌고 적당히 유지하면서 사는 게 좋지 않냐고 하던데요? 그 말을 듣는데 저는 '유지하는 것도 힘들지 않나?'라고 생각하긴 했어요."

재연의 말을 들은 호정도 수긍하듯 답했다.

"하긴 그 친구들 말대로 인생 전반부에 너무 고생하다 보면 일찍 지칠 수도 있을 것 같아요."

사람들의 이야기를 귀 기울여 듣던 서윤이 은은한 미소를 지으며 말했다.

"제가 수많은 사례들을 살펴봤는데 사실 이건 정답이 있는 문제예요. 연예계나 스포츠 같은 특수 직업군을 제외한다면 같은 양이라고 해도 40대 이후에 좋은 운을 만나는 사람들이 더 많은 것을 성취하곤 했어요. 물론 그때까지 스스로 포기하지 않았다는 전제하에요."

연예계나 스포츠 같은 특수 직업군을 제외한다면 같은 양이라고 해도 40대 이후에 좋은 운을 만나는 사람들이 더 많은 것을 성취하곤 했어요. 물론 그때까지 스스로 포기하지 않았다는 전제하에요.

76세에 시작해 미국의 '국민화가'가 되다

따뜻한 시골 풍경을 담은 풍속화를 그려 미국의 '국민 화가'로 불리는 모지스 할머니 Grandma Moses는 76세에 본격적으로 그림을 그리기 시작했다. 그녀가 그림에 심취하게 된 계기는 단순했다. 60대에 남편을 잃고 취미생활로 자수를 즐겼으나 관절염이 심해지면서 그마저도 어려워졌다. 그때 생각해 낸 것이 어린 시절부터 관심을 가졌던 그림이었다.

할머니는 평생 보고 경험했던 미국의 시골 풍경을 그리기 시작했다. 동네 지인들에게 1~3달러씩 받고 판매되던 그녀의 그림은 우연한 기회에 한 미술 수집가의 눈에 띄었다. 이후 그림들이 뉴욕에 전시되면서 조용히 살던 시골 할머니는 일약 전국구 스타로 떠올랐다.

늦은 나이에 세상에 알려졌지만 미국인들의 향수를 자극하는 모지스 할머니의 그림은 많은 이들의 사랑을 받았다. 그녀는 80세에 첫 개인전을 열었고 88세에 마드모아젤 잡지가 주관한 '올해의 젊은 여성'으로 선정되기도 했다. 세계에서 가장 유명한 사람들을 표지 모델로 기용하는 「타임」지는 93세의 할머니를 표지에 실었다. 그녀가 100세 생일을 맞이했을 때 넬슨 록펠러 뉴욕 주지사는 그날을 '모지스 할머니의 날'로 선포하기도 했다.

할머니는 정력적으로 활동한 다작 화가이기도 했다. 101세를 일기로 세상을 떠날 때까지 그녀는 30여 년 간 1,600여 점의 그림을 그렸다. 심지어 그중 250점은 100세 이후에 그린 그림이었다.

자신처럼 늦은 나이에 새로운 일을 시작하는 사람들에게 모지스 할머니는 다음과 같이 말한다.

"사람들은 늘 '너무 늦었어.'라고 말합니다. 하지만 사실은 '지금'이 가장 좋은 때입니다."

21

전성기

✳

"**인**생 후반부에 전성기를 맞는 사람들이 좋은 운을 더 잘 활용하는 이유는 어려움에 대한 내성이 있기 때문이에 요. 사실 아무리 유리한 운이 들어온다고 해도 그 운을 펼 쳐 가는 과정에서 크고 작은 어려움들이 따라오기 마련이 거든요."

서윤은 설명을 계속했다.

"젊었을 때 힘든 일을 겪으면서 시련에 대한 내성을 자 연스럽게 쌓아온 사람들은 어려운 일들을 만나도 상대적 으로 수월하게 받아들이고 극복할 수 있어요. 무균 상태에 서 자라는 것보다 적당히 세균에 노출되며 자라는 것이 면역력을 높여 주는 것과 같은 이치죠."

참석자들은 공감한다는 듯 고개를 끄덕였다.

"그들은 또 힘들었던 경험을 통해 자신의 한계를 깨달았기 때문에 좋은 운이 왔을 때 무모한 시도를 하지 않아요. 그러면서 차근차근 원하는 바를 이뤄나가죠. 또 '내가 틀릴 수 있다.'라는 것을 인정할 줄 알기 때문에 다른 사람들과의 협업에도 유리하고 새로운 해결책도 유연하게 받아들여요."

상우는 서윤의 말을 들으며 왠지 힘이 나는 것 같았다.

'내가 노력해 온 것들이 인생 후반부에서는 빛을 발할 수 있다는 말이구나…… 왠지 응원받는 기분이네.'

이어서 서윤이 따뜻하게 덧붙였다.

"무엇보다 자신이 힘들고 아파봤기 때문에 타인의 어려움을 공감하는 능력이 발달된 경우가 많아요. 덕분에 사람들의 마음을 움직일 수 있고 좋은 인연들도 불러들이게 되죠."

서윤의 설명을 들은 지혁이 맞는다는 듯 고개를 끄덕이며 말했다.

"제 주변 사례들을 생각해 보니 진짜 그런 것 같습니다. 서울대 법대에 떠들썩하게 입학했다가 지금은 어디 가서 뭐 하는지도 모르게 잠적해 버린 친구들도 많거든요. 소년 등과를 하며 승승장구했지만 불미스러운 일에 휘말려 일찍 옷을 벗은 검사 선후배들도 꽤 됩니다. 그에 비해 젊은 시절에 공부나 일에서 부침을 겪었던 선배들이 중년 이후에 흔들리지 않고 자신만의 길을 탄탄하게 닦아 가는 경우 또한 많습니다."

상우 또한 지혁의 말을 거들었다.

"저도 2~30대에 사업에 성공해 화려한 삶을 살다가 순식간에 내리막길을 걷는 케이스를 자주 봐왔습니다. 유흥에 빠지거나 유명인들하고 어울리는 데만 치중해 사업을 등한시하는 경우도 꽤 있고요. 정치 스캔들이나 금융 송사를 거치며 그대로 주저앉고 마는 사례나 여기저기서 돈을 끌어다가 무리하게 사업을 벌이다 부도를 맞는 사례도 아주 흔합니다."

> 인생 후반에 전성기가 오는 사람들이 좋은 운을 더 잘 활용하는 이유는 어려움에 대한 내성이 있기 때문이에요. 자신이 틀릴 수 있다는 것을 인정하는 장점도 있고요.

80세에 최고의 자리에 오른 남자

중국의 전한前漢 시대, 기원전 200년에 태어나 하급 관리로 일하던 공손홍公孫弘은 어느 날 갑자기 직장에서 쫓겨난다. 사마천의 『사기史記』에 따르면 그의 면직 이유는 '죄를 지어서'다. 요즘으로 치면 말 그대로 직장에서 잘린 것이다.

공손홍은 고향인 바닷가로 돌아가 생계를 위해 돼지를 키우기 시작한다. 언제 관직에 돌아갈 수 있을지 기약이 없었지만 그는 손을 놓고 좋은 운만을 기다리지 않았다. 생업을 하면서도 한 손에는 책을 놓지 않았고 특히 『춘추』를 읽고 학습하는 데 몰두했다. 그렇게 20년이 지나갔다.

당시 한무제漢武帝 유철劉徹은 천하에 포고령을 내리고 인재를 찾는다. 공손홍 역시 이미 60줄에 접어들었음에도 학문적 기량이 뛰어났기에 추천을 받아 황제를 모시는 박사博士에 임명되었다.

모처럼 찾아온 기회였으나, 그가 생각한 대로 일이 잘 풀리지는 않았다. 사신으로 흉노족을 방문한 후 보고서를 올렸지만, 황제가 마음에 들어 하지 않았던 것이다. 이에 공손홍은 자리에 연연하지 않고 병을 핑계로 벼슬을 그만두고 고향으로 돌아갔다. 그리고 차분하게 학문과 수양에 정진하며 다음 기회를 기다렸다.

그렇게 또다시 10년이 지나고 공손홍은 70세가 되었다. 마침 나라에서 인재를 등용하기 위한 시험이 치러지고, 그는 100여 명의 학자들 가운데 1등으로 뽑히게 된다. 이때부터 공손홍은 초고속 승진을 거듭한다.

"공손홍, 때를 잘 만나지 못했다면 어찌 그 자리에까지 오를 수 있었겠는가."

『한서』에 이렇게 기술돼 있듯 그는 뒤늦게 인생의 전성기를 만난 진정한 행운아였다. 하지만 그 행운 뒤에는 제대로 된 기회를 만날 때까지 스스로를 갈고 닦은 시간들이 있었다.

한발 더 나아가 긴 시간 동안 쌓아온 내공 덕분에 그는 운을 제대로 활용할 줄 알았다. 특히 일찍 출세한 관리들에 비해 처세에 밝았다. 한발 먼저 황제의 뜻을 헤아려 주군이 원하는 정책을 펼치도록 도왔고, 개인 생활은 항상 검소함을 유지했다. 『사기』에 따르면 공손홍은 '삼베로 만든 침구를 쓰고 밥을 먹을 때는 고기

반찬은 한 가지 이상 놓지 못하게 했으며 계모가 죽은 후에는 3년 상을 지냈다.'고 한다. 이렇게 처신하니 평판 또한 좋을 수밖에 없었다.

팔십에 가까운 나이가 되었을 때 공손홍은 관리들 가운데 가장 높은 직위인 승상의 자리에 올랐다. 이후에도 자신의 봉록을 풀어 친구와 후배들을 지원하고 유학의 발전에 기여하며 스스로를 낮추었다.

사실 무제 시대는 재상들의 수난기였다. 12명의 재상 가운데 세 명은 처형되었고 세 명은 자살했다. 오직 공손홍만이 천수를 누리며 승상의 자리에서 세상을 떠났다.

22

성장기와 성숙기

✳

잠시 생각에 잠겼던 상우가 진중하게 말문을 열었다.

"지난 시간에 Favor의 관점으로 본다면 좋은 운과 나쁜 운이 아니라 '성장하는 운'과 '성숙을 위한 운'만이 있다고 하셨는데요. 인생 후반기에 전성기를 맞이하는 사람들은 성장기와 성숙기를 거치면서 스스로를 발전시켜 간 것 아니었을까요?"

지혁 또한 고개를 끄덕이며 상우의 말을 이어받았다.

"그렇게 운의 변화를 겪다 보면 아무래도 불안과 마주할 수밖에 없었겠지요. 자신에게 맞는 전략을 실행하면서 스스로를 성장시켰을 거고요. 그래서 불안이 운을 활용하는 열쇠가 된다고 하셨나 봅니다."

서윤이 두 손을 모아 박수를 치는 모양을 만들며 활짝 웃었다.

"다들 이렇게 잘 이해하시다니, 정말 기쁘네요."

서윤은 함박미소를 머금은 채 덧붙였다.

"우리는 성장기와 성숙기 속에서 운이 주는 과제를 해냄으로써 칼 융이 말한 개성화를 이루어가게 되죠. 바로 진정한 나를 찾게 되는 거예요."

"그래도 작가님, 솔직하게 말씀드리자면 전 성숙보다는 성장만 하고 싶습니다."

인재가 엄살을 부리자 사람들이 다 같이 웃음을 터뜨렸다. 서윤도 환한 웃음을 보인 뒤 다정하게 대답했다.

"맞아요. 대부분의 사람들이 그럴 거예요. 그런데 사실 더 중요한 것은 성장보다는 성숙을 위한 운이에요. 사실 대다수의 사람들이 인생을 살아가면서 동일한 패턴만 반복하는 경우가 많아요. 그러면서 발전 없는 삶을 살아가죠. 마치 단순한 구조가 끝없이 반복되며 전체를 이루어가는 프랙털처럼요."

서윤은 차분하게 말을 이어갔다.

"이런 프랙털에 갇히지 않으려면 성숙을 위한 운을 잘

받아들이고 그 운이 주는 과제를 제대로 수행해야 해요. 그렇게 나아갈 때 우리는 나선형으로 진화하면서 더 나은 나로 성장할 수 있는 거예요."

어느새 두 번째 모임도 마무리할 시간이 돼 가고 있었다. 무언가 생각에 잠긴 듯한 표정을 짓던 재연이 손을 들고 질문을 했다.

"다음 모임 전까지 오늘 배운 3W1H 메모를 써 보려고 하는데요. 공과 사를 나누어서 살펴보는 것 외에 또 유의할 점이 있을까요?"

"중요한 부분인데 질문 잘해 주셨어요. 보통 기업 분석을 할 때 외부 환경과 산업 트렌드를 살펴보는 것이 선행되는데요. 마찬가지로 스스로를 돌아볼 때도 외부 요인들을 함께 점검해 보는 것을 추천드려요. 예를 들어 외환 위기, 입시 제도의 변화, 금융 위기, 코로나 같은 국내외 상황이 불안에 큰 영향을 미쳤다면 그 부분에 대해 살펴볼 필요가 있어요."

서윤이 차분한 어조로 설명을 이어갔다.

"또 부모님이나 주 양육자, 혹은 20세 이전에 자신에게 큰 영향을 끼친 사람들이 불안할 때 어떻게 대처했는지 되돌아보시는 것도 좋아요. 불안해질 때 어떻게 대응하라 교육을 받은 적이 있다면 그 내용도 다시 한번 살펴보세요. 여기서 가장 중요한 것은 그분들을 보며 자신이 어떻게 느꼈는지, 어떤 영향을 받았는지 돌아보는 거예요."

모임을 마친 뒤 서윤의 따뜻한 배웅을 받으며 사람들이 갤러리 문을 나섰다. 다른 참석자들과 가벼운 인사를 나눈 뒤 집으로 향하며 호정은 이런저런 생각에 잠겼다.

'지금까지 쌓아 온 노력에다가 이번에 배운 것까지 적용하면 나도 예전보다 더 성장할 수 있을 것 같아. 운을 활용하는 법을 지우에게 가르쳐 준다면 더더욱 좋겠지…….'

여기까지 생각이 미치자 호정의 발걸음이 점점 더 가벼워졌다.

'덩달아 기분까지 좋아지는 걸? 집에 들어가는 길에 우리 지우가 좋아하는 빵이라도 사 가야겠다.'

우리는 성장기와 성숙기 속에서 운이 주는 과제를 해냄으로써 칼융이 말한 개성화를 이루어가게 되죠. 바로 진정한 나를 찾게 되는 거예요.

칼 융의 개성화

칼 융은 사람의 인생이 아직 분화되지 않은 상태에서 시작된다고 봤다. 수정란이 세포분열을 거듭하며 생명체가 되어가듯 개인도 세분화 과정을 거치면서 점차 균형 잡히고 통일된 인격으로 발달하게 된다는 것이다. 이 같은 분화의 목표는 완전히 자기인 상태, 자기실현이 이루어진 상태에 이르는 것이다.

이처럼 개인의 의식이 타인과 다르게 분화되어 가는 과정을 칼 융은 '개성화'라고 부른다. 융에 의하면 신체가 성장하도록 정해져 있는 것처럼 인격은 개성화되도록 정해져 있고, 이러한 개성화는 자율적으로 진행된다. 또 신체가 건전하게 성장하기 위해 적절한 음식물과 운동이 필요하듯이 인격이 건전하게 개성화되기 위해서는 적절한 경험과 교육이 필요하다고 그는 강조한다.

융에 의하면 정신요법이란 기본적으로 개성화 과정이다. 그는 「개성화 과정의 연구」라는 논문에서 자신에게 치료를 받고 있던 중년 여성이 그린 만다라를 보여주었다. 융은 이와 같은 만다라가 무의식의 의식화 과정을 통해 형성되는 개성화 과정을 상징한다

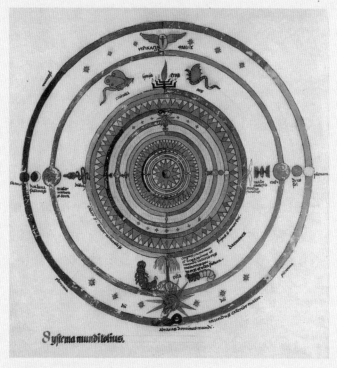

칼 융이 그린 첫 번째 만다라(1916년). 하늘과 땅, 여성성과 남성성, 생과 사, 빛과 어둠 등 여러 가지 대립물이 배치되어 있다. 이것은 커다란 세계에서 내면 중심으로 분화되어 가는 인간의 개성화 과정을 상징한다.

고 말하고 있다. 그렇게 개성화된 인간을 융은 가장 건강한 인격의 소유자로 보았다.

프랙털 구조

프랙털 구조fractal structure란 어떤 부분을 확대해 보아도 전체 모양과 닮아 있는 구조를 말한다. 서로 닮아 있다는 뜻으로 이를 자기 유사성self-similarity을 지닌 구조라고도 한다. 아래 그림에서 보듯 이 구조는 어느 부분을 보아도 전체를 파악할 수 있는 정보를 가진 것이 특징이다.

끊임없이 반복되는 삼각형 모양은 프랙털 구조의 예시를 보여준다(그림 좌측). 같은 모양이 반복되는 잎사귀도 마찬가지다. 잎사귀의 일부분을 봐도 전체 모양을 유추할 수 있다.

Part 4

함정에 빠지지 않으려면

23

아버지와 아들

✳

서울의 야경이 한눈에 내려다보이는 주상복합 아파트 거실. 인재는 모임에서 썼던 3W1H 메모를 한 손에 든 채 와인을 마시고 있었다. 그의 머릿속에서는 불안과 관련해 부모님이 인재에게 미쳤던 영향을 살펴보라는 서윤의 말이 맴돌고 있었다.

'아버지…… 아버지에 대해 살펴봐야 해.'

야경의 불빛이 비치는 창문에 그의 모습과 과거의 한 장면이 겹쳐 보였다. 인재는 먼저 무리하게 사모펀드에 투자했던 때를 돌아봤다. 어느 순간 자신을 설득하던 PD의 목소리가 귓전에서 들리는 듯했다.

"인재야, 불안할 때일수록 과감하게 의사결정을 해야 하는 거야. 내가 왜 너를 찾아왔겠어? 기회를 알아보고 또 확실하게 밀어붙일 만큼 그릇이 큰 사람이라서 너한테 온 거야. 알잖아, 머뭇거리고 망설이는 것은 루저들이나 하는 짓이라는 거……."

그 말을 떠올리자 속에서 불덩이가 확 올라오는 것 같았다. 와인 잔을 든 손에서 불끈 핏줄이 돋아났다.

'맞아. 그 PD의 말에 그냥 확 돌아 버렸지. 그래서 이성을 잃고 투자 결정을 해 버린 거야. 왜 그랬던 걸까……'

그때 인재의 귀에 몇 년 전 세상을 떠난 아버지의 목소리가 울려 퍼졌다.

"원인재! 불안하다고? 그럴 땐 그냥 앞으로 돌진하는 거야. 까짓것 그게 뭐라고 쫄아."

아버지의 목소리가 떠오르는 순간, 인재의 기억은 과거의 어느 날로 거슬러 올라갔다.

그날은 초등학교 운동회 날이었다. 달리기 하나는 정말 잘했던 인재가 반 대항 계주 대표로 뛰는 날이기도 했다.

동네에서 가장 큰 자동차 수리 센터를 운영하던 아버지는 인재를 보기 위해 가게 문까지 닫고 학교로 찾아왔다. 아버지의 얼굴까지 보자 가뜩이나 긴장한 인재의 불안감이 더 커졌다. 다리가 후들후들 떨리더니 자꾸 눈앞이 하얗게 변하는 것만 같았다. 급기야 아버지 앞에서 눈물까지 쏟고 말았다.

"아빠, 나 안 하고 싶어. 사람들이 이렇게 많은데 달리기 싫다고……."

"인재야, 원래 이럴 때 더 빨리 뛸 수 있는 법이야. 아빠가 장담하마. 오늘 네가 가장 빠를 거다. 그러니까 눈물 닦고 남자답게 어서 나가!"

아버지는 인재의 엉덩이를 팡팡 두드리며 등을 떠밀었다. 마지못해 걸음을 옮기는 인재의 두 다리는 여전히 떨리고 있었다.

마침내 계주 경기가 시작되었다. 자기 차례가 되자 인재는 바통을 받아 들고 냅다 달려 나갔다. 그런데 몇 발자국 못 가 발목이 꺾이는가 싶더니 그대로 앞으로 고꾸라지고 말았다. 황급히 일어나 바통을 집었지만 이미 상대편 선수는 저만치 앞서나간 상태였다. 결국 인재 때문에 뒤지기 시작한 청팀은 끝까지 백팀을 추월하지 못하고 계주 경기에서 지고 말았다.

운동회 이후 아버지는 무언가 결심한 눈치였다. 그는 매일 저녁 인재를 앉혀 놓고 귀에 못이 박이도록 훈계를 했다.

"할아버지가 돌아가셨을 때 아빠가 딱 네 나이였어. 혼자 힘으로 할머니와 동생들까지 부양해야 했는데 아빠라고 무섭지 않았겠니? 그런데 지나고 보니 답은 늘 하나였다. 어려운 일이 생기면 피하지 말고 온몸으로 부딪혀서 뚫고 나가는 거야. 그렇게 해야 하늘도 네 편이 되는 거란다."

하지만 아무리 대범하게 마음먹으려고 해도 아버지의 말을 실천하기란 쉽지 않았다. 그런 자신을 못마땅하게 보는 아버지 앞에서 더 이상 감정을 드러내기도 싫었다. 결국 인재는 아버지를 점점 멀리하게 되었고 대학에 합격하자마자 도망치듯 집에서 나와 버렸다.

여기까지 떠올렸을 때 인재의 머릿속에서 반짝, 하며 전등 하나가 켜졌다.

'혹시 아버지가 A 유형, 나는 B 유형인 건가. 그것도 모르고 나는 아버지를 오해했던 거고……'

인재는 3W1H 메모를 다시 집어 들었다.

'이제 알겠네. 그때 나를 사모펀드로 끌어들였던 PD가

아버지와 똑같은 말을 했어. 그것이 내 안의 스위치를 눌러서 나도 모르게 그 말에 반응한 거야…….'

그는 얼른 펜을 집어 들고 종이에 도표와 화살표를 슥슥 그려 나가기 시작했다.

'자, 비즈니스 분석하듯이 살펴보자. 나 자신을 기업이라고 한다면, 여기에 영향을 미친 외부 환경은 바로 아버지였어…… 아버지는 나에게 A 유형 방식을 주입하려 했지만, B 유형이었던 나에게는 통하지 않았던 거지.'

그림을 그려 가며 분석을 해 보니 인과관계가 보다 분명하게 보였다. 상황이 한눈에 보이자 머릿속이 맑아지는 것 같았다. 한편으로는 돌아가신 아버지 얼굴이 눈앞에 어른거렸다.

'내 방식대로 성공해서 뭔가 보여 드리고 싶었는데…… 이렇게 보니 아버지와 나는 서로 불안에 대응하는 방식이 달랐던 것뿐이구나. 아버지가 살아 계실 때 서로 이 사실을 알았더라면 참 좋았을 텐데. 오늘따라 아버지가 더 보고 싶다.'

찰랑, 인재가 들고 있던 잔의 와인이 잘게 흔들렸다.

24

A 유형의 함정

✳

"**선**생님, 요즘 제가 A 유형과 B 유형에 빠져 있다 보니까 사람들을 볼 때도 그것만 생각나요."

세 번째 모임이 열리는 날, 재연이 밝게 웃으며 서윤에게 말했다.

"어제는 회사에서 임원 회의를 했는데 사람들이 발표할 때마다 '저분은 A 유형일까, B 유형일까?' 계속 이런 생각만 했어요, 하하. 그런데 확실히 겉으로 보이는 성격만 갖고는 알 수가 없는 것 같아요."

차분히 듣고 있던 서윤이 흐뭇한 미소를 지으며 답했다.

"잘 보셨어요. 사실 불안할 때 어떻게 행동해서 어떤 결과를 얻었는지는 자신만 알고 있는 정보거든요. 다른 사람의 평상시 모습으로 유추하는 것은 여러모로 한계가 있을 수밖에 없죠. 말씀하신 대로 A 유형으로 보이는 사람이 B 유형일 수도 있고 그 반대의 경우도 너무 많아요. 여기서 기억하실 것은 A 유형이든 B 유형이든 어디까지나 자신에게 적합한 전략을 찾기 위해 구분하는 것이지 성격을 구분하려고 쓰는 것은 아니라는 거예요."

설명을 듣던 사람들 모두 수긍한다는 듯한 표정을 지었다. 이때 호정이 침착하게 입을 열었다.

"저도 메모를 쓰면서 제 딸과 저에 대해 돌아봤는데요. 저희 아이는 좀 섬세한 성격인데 막상 불안할 때 모습을 돌아보면 A 유형이 아닌가 싶거든요."

호정의 이야기를 듣던 사람들이 이해한다는 듯 다들 가볍게 고개를 끄덕였다.

잠시 후 지혁이 여느 때처럼 반듯한 말투로 서윤에게 질문했다.

"지난 모임에서 각 유형별로 빠질 수 있는 함정이 있다고 하셨는데 자세한 내용이 궁금합니다."

그 말을 들은 서윤이 반가운 듯 미소 지으며 답했다.

"좋은 질문이세요. 안 그래도 오늘은 그 이야기로 시작을 해 볼까 했거든요. 지난번에 설명해 드렸듯 A 유형은 불안을 원동력으로 삼아 나아가야 해요. 그런데 이때 빠질 수 있는 함정이 크게 세 가지가 있어요."

커피를 한 모금 마신 서윤이 설명을 시작했다.

"첫 번째로 시야가 좁아지지 않도록 주의하셔야 해요. A 유형이 한 가지만 바라볼 때는 특히 주변 영향이 크게 작용했기 때문인 경우가 많아요."

자신이 A 유형이라고 생각하는 재연은 서윤의 말에 귀를 바짝 기울였다.

"A 유형이 불안한 시기에 목표를 향해 나아가는 것을 등산에 비유해 볼게요. 아마 산 정상으로 올라가는 길은 여러 개일 거예요. 그런데 이럴 때 A 유형은 친구가 특정 길로 가서 성공했다는 말을 들으면 자신도 무작정 그 길로 가야 한다고 생각할 수 있어요. 하지만 그럴 때는 먼저 지도를 펼쳐서 어떤 길들이 있는지 파악하는 것이 우선이에요. 그중 자신에게 맞는 길이 무엇인지 찬찬히 살펴보고 그 길을 선택하는 것이 좋아요."

집중해서 설명을 듣던 재연이 뭔가 떠오른 듯한 표정을 지으며 말했다.

"제가 며칠 전 미국에서 일하는 동창 두 명을 만났는데요. 둘 다 미국 반도체 회사의 주식을 사서 재미를 봤다는 거예요. 그러면서 '너는 AI를 전공해 놓고 아는 것을 써먹지도 않고 뭐 하냐.'라며 저를 타박하더라고요. 그 말을 들으니 이러고 있으면 안 될 것 같아서 좀 불안해졌어요. 그래서 그 회사의 주식을 사 볼까 한참 검색했는데…… 듣고 보니 바로 이런 상황이네요."

서윤이 미소를 지으며 고개를 끄덕였다.

"잘 어울리는 사례를 떠올리셨네요. 여기서 재연 님이 원하는 것은 그 친구들이 얻은 결과일 거예요. 그런데 시야가 좁아지게 되면 그 친구들이 택한 방법밖에 없다고 성급하게 결론 내릴 수 있어요. 하지만 그런 때일수록 주체성을 유지하며 큰 그림을 보고 자신에게 맞는 방법인지 살펴봐야 해요. 앞서 말씀하신 사례의 경우 해당 주식에 바로 뛰어드는 것 대신 재테크, 나아가 경제 전반에 대해 먼저 공부를 시작하는 것이 정답이에요."

잠시 뜸을 들인 서윤은 한 마디를 더 덧붙였다.

"저는 운이란 효율성을 뜻하고, 내가 들인 노력에 곱하기가 되는 거라고 설명해 드리곤 하는데요. 한 가지 더 말씀드린다면 A 유형이 이런 함정에 빠질 경우 플러스가 아니라 마이너스로 곱하기가 될 수 있어요."

그 말을 들은 지혁은 순간 정신이 번쩍 드는 것 같았다.

'윽, 나도 A 유형 같은데 큰일 날 뻔했네.'

최근 지혁은 잘 나간다는 검사 동기가 유력 정치인과 기자들을 부지런히 만나고 다닌다는 소문을 듣고 좀 불안해하던 참이었다. 그래서 생전 안 하던 짓을 좀 했었다. 언론사에 있는 대학 동기한테 메시지를 보낸다거나, 국회에 있는 친구에게 괜히 연락을 한다거나.

'오늘 설명을 듣고 보니 쓸데없는 짓을 한 것 같군. 섣부르게 따라 하다가 마이너스 곱하기가 될 수도 있으니 앞으로는 조심해야겠어, 휴.'

지혁은 저만 알 수 있을 정도로 작게 안도의 한숨을 내쉬었다.

A 유형이 불안을 신호로 삼아 나아갈 때는 시야가 좁아지지 않도록 주의하셔야 해요.

25

나를 소모하지 않도록

✴

"두 번째로 A 유형에게 당부드리고 싶은 점은 자신을 소모하지 않도록 스스로를 잘 관리하셔야 한다는 거예요. 불안을 추진력으로 삼아 돌진하다 보면 에너지가 고갈되어 가는 것도 눈치채지 못할 수 있거든요. 그럴 때 번아웃이 오기도 하고요."

서윤이 설명을 이어갔다.

"여기 자동차가 있다고 가정해 볼게요. 지금 여러분이 불안을 연료로 삼아 시속 100km로 계속 달리고 있어요. 그런데 이렇게 가다 보면 금방 한계에 이를 수 있거든요. 휘발유가 떨어져 가는 것도 모르고 달리다가 차가 멈춰 서게 되는 거죠. 이런 상황을 방지하려면 시속 80km를 유지하면서 수면과 휴식, 운동 등 자기관리에 나머지 연료를 쓰셔야 해요."

가만히 듣고 있던 상우가 공감된다는 듯 연달아 고개를 끄덕였다.

"많이 와닿는 말씀입니다. 사실 저도 첫 번째 게임을 내놓기 전에 많이 불안했습니다. 그래서 1년 가까이 회사에서 먹고 자고 하면서 엄청나게 달렸는데 그때 너무 무리했었나 봐요. 게임을 내놓고 나서 번아웃이 와서 한동안 아무것도 못 하겠더라고요. 그때 생긴 불면증과 위장장애로 아직까지도 고생하고 있습니다."

지혁 또한 뭔가 생각난 듯 입을 열었다.

"성공한 사람들은 일하는 것 못지않게 수면, 운동, 식습관 같은 자기 관리도 열심히 한다고 들었습니다. 아마 지금 해 주신 말씀과 같은 맥락이 아닐까 싶습니다."

그때 곰곰이 생각에 잠겨 있던 재연이 손을 들고 질문했다.

"선생님, 그럼 자기 관리 자체를 루틴화하는 것이 좋을까요? 요즘 유튜브 영상 같은 걸 보면 새벽 6시에 일어나라, 아침에 유산소 운동을 해라, 매일 일기를 써라…… 뭐 이런 것들을 매일 해야만 성공할 수 있다고 나오던데요. 저도 한동안 따라 하기도 했는데, 솔직히 효과가 없다 싶으니까 괜히 더 불안해지기만 하더라고요."

서윤이 예의 따뜻한 미소를 지으며 답했다.

"자기 관리를 루틴화하는 것은 참 좋은 생각이에요. 다만 한 가지 더 말씀드리고 싶은 것이 있어요. 수학적으로 'A⇒B'라는 명제가 참이라고 해서 'B⇒A'가 참은 아니잖아요. 마찬가지로 성공한 사람이 새벽 6시에 일어났을 수는 있겠지만, '새벽 6시에 일어나면 성공한다.'라는 말은 참이 아니에요."

서윤의 말에 귀 기울이고 있던 재연의 표정이 한결 밝아지기 시작했다.

"지금 말씀드린 내용을 기본적으로 인지한 상태에서 자기 관리 방법 가운데 자신에게 맞는 것을 취사선택하는 것이 중요해요. 새벽 6시에 일어나라고들 하지만 자수성가한 사람들 중에서 밤과 낮을 바꿔서 사는 사람도 많고요. 평일에는 운동을 전혀 하지 않고 주말에만 집중적으로 운동하는 사람들도 많이 있어요."

그녀의 말에 집중하고 있는 사람들을 둘러보며 서윤이 차분하게 말을 이어갔다.

"여기서 중요한 것은 어디까지나 실용주의적 관점*에 근거해 어떤 방법이 나에게 효과적인지를 판단하는 거예요."

---

* 실용주의pragmatism는 19세기 미국에서 시작된 철학 사조로 행동과 실천을 중시한다. 실용주의에 의하면 지식이란 것은 우리의 실제 생활에 쓸모가 있을 때만 참이다. "어떤 관념이 참인지 아닌지는 그것의 실제적 결과에 따라 판정되어야 한다."라는 것이 대표적인 주장이다.

A 유형은 불안한 시기에 자신을 소모하지 않도록 잘 관리해야 해요. 스스로 에너지가 고갈되는 것을 눈치채지 못하다가 번아웃이 올 수도 있어요.

26

은총알

＊

서윤은 A 유형이 주의해야 할 점에 대해 계속 설명을
이어갔다.

"마지막으로 불안을 연료로 삼아 행동하는 과정에서 '은
총알'＊을 바라는 사람들이 있어요. 문제를 단번에 해결할
수 있는 방법이 어디엔가 있을 거라고 생각하는 거죠. 하
지만 그럴 때일수록 은총알에 대한 환상을 내려놓아야 해
요."

＊ '고질적이거나 어려운 문제를 단번에 해결할 수 있는 비법'을 뜻하는 말로 일종의
만병통치약을 의미한다.

서윤의 말에 동의한다는 듯 상우가 크게 고개를 끄덕였다.

"은총알은 개발자들이 많이 쓰는 단어라서 잘 알고 있습니다. 고백하자면 저도 게임 개발을 하면서 강력한 한 방을 기대하던 때가 있었어요. 경쟁사에서 잘 만든 게임이 나오면 불안해하다가, 단시간에 성능을 획기적으로 끌어올릴 방법을 찾아 헤매기도 했고요. 어디선가 천재 개발자 한 명이 하늘에서 뚝 떨어져 이 모든 문제를 해결해 주지 않을까 기대도 해 봤습니다."

부끄러운 듯, 상우가 민망한 표정을 지으며 말을 마쳤다. 서윤은 그런 상우를 다독여 주었다.

"그래도 다행이네요. 사실 그런 시기에는 조급한 나머지 억지로 편법을 쓰거나 옳지 않은 방법까지 동원하게 되는 경우도 있거든요. 한 가지 더 부연 설명을 드리자면 살면서 어떤 사람의 진면목을 볼 수 있는 순간들이 있죠. 그중 하나가 자신이 중요하게 여기는 승부에서 판세가 상대편 쪽으로 거의 기울었을 때예요."

사람들은 흥미로운 표정을 지으며 서윤의 말에 몰입했다.

"그런 상황에서 스스로에게 부끄럽지 않은 승부를 펼치기 위해 마지막까지 최선을 다하는 사람들이 있고요. 반면 패배가 예상되면 갑자기 판을 뒤집겠다며 편법이나 비겁

한 방법을 쓰는 사람들이 있어요. 그런 사람들이 바로 은총알의 함정에 빠진 사람들이에요."

지혁이 박수를 치듯 양 손바닥을 마주 대며 호응했다.

"지금 말씀하신 것 같은 사례를 법정에서 자주 보곤 합니다. 궁지에 몰렸을 때 희한한 증거까지 들이대며 어떻게든 빠져나가려고 하는 경우가 정말 많거든요. 진짜 그럴 땐 그 사람의 바닥까지 보는 것 같아 기분이 씁쓸해집니다. 솔직히 사회 지도층 가운데도 그런 사람이 허다합니다."

이번에는 상우가 진지한 표정으로 말했다.

"오늘 말씀을 들으니 정신이 번쩍 나는데요. 저도 불안해질 때 다시는 은총알을 찾느라 시간 낭비를 하지 않겠다고 결심했습니다. 스스로를 관찰하고, 또 잘 단속해 보겠습니다."

> 불안한 시기에 A 유형은 은총알에 대한 환상을 내려놓아야 해요.

은총알 vs 납총알

　벤 호로위츠Ben Horowitz는 전설적인 수익률을 기록한 실리콘 밸리의 벤처 투자가다. 그가 자신과 동업자의 이름을 따서 설립한 '앤드리슨 호로위츠Andreessen Horowitz'는 창업한 지 15년 만에 기존의 강자들을 제치고 운용 자금 세계 1위를 기록했다.

　특히 그의 회사는 페이스북, 트위터, 에어비앤비, 스트라이프 등 '될성부른 나무'를 알아보는 안목으로 유명하다. 덕분에 호로위츠가 투자했다는 사실만으로도 갓 시작한 스타트업들은 업계의 주목을 받곤 한다.

　지금은 최고의 투자가로 자리 잡은 호로위츠도 회사를 창업하고 운영하는 동안 불안 때문에 잠 못 이루던 밤들이 있었다. 그는 자신의 저서 『하드 씽The Hard Thing about Hard Things』에서 불안에 시달리던 시절에 겪었던 어려움을 솔직하게 털어놓고 있다. 특히 그는 '은총알'의 위험성을 깨닫게 된 계기에 대해 다음과 같이 소개한다.

창업 전 인터넷 브라우저 업체 넷스케이프Netscape에서 일하던 호로위츠는 경쟁사의 제품을 단번에 이길 방법을 찾고 있었다. 문제는 그가 맡고 있던 상품보다 경쟁사 제품의 성능이 5배나 좋았다는 데 있었다. 호로위츠의 상사는 경쟁사를 단번에 이길 대책을 찾는 그에게 이렇게 말했다.

"벤, 자네가 찾는 그 은총알은 정말이지 멋지고 훌륭한 물건이야. 하지만 우리 웹서버는 5배나 느려. 그 문제를 단번에 해결해 줄 은총알은 존재하질 않는다고. 우리는 그저 낡아빠진 납총알만 잔뜩 쓰게 될 거란 말일세."

이 말을 듣고 호로위츠는 속으로 이렇게 생각했다고 한다.

'이런 젠장, 지금까지 쏟아부은 노력이 다 헛수고라니.'

그는 상사의 충고를 받아들이고 은총알을 찾는데 더 이상 시간을 낭비하지 않기로 마음 먹었다. 대신 제품의 성능을 개선하는데 온 힘을 기울였고 결국 자신의 제품을 성공시킬 수 있었다. 호로위츠는 이 경험을 통해 다음과 같은 사실을 깨달았다고 전했다.

"답은 간단했다. '은총알(단번에 문제를 해결할 수 있는 방법)'이 아니라 다량의 '납총알(시간과 노력이 쌓여야 효과를 가져올 수 있는 방법)'을 쓰는 것만이 모든 문제의 유일한 해결책이었다. 그때 나에게는 더 나은 제품을 만드는 것만이 해법이었다."

수년이 흐른 뒤 자신이 창업한 회사의 직원들이 제품의 문제점을 개선할 은총알을 찾자 호로위츠는 이렇게 충고한다.

"이 문제를 해결할 은총알은 없다네. 단지 납총알만 있을 뿐이지."

27

B 유형의 함정

✴

여태 잠자코 이야기를 듣고 있던 산이 갑자기 손을 들더니 말했다.

"작가님, 불안에 대응할 때 B 유형이 주의해야 할 점도 알려 주시면 좋겠습니다."

서윤이 빙그레 미소를 짓더니 이야기를 시작했다.

"지속적으로 불안을 느낄 때 B 유형은 먼저 균형 있게 일상을 잘 챙겨야 해요. 이때 빠질 수 있는 함정 역시 세 가지인데요. 먼저 이 시기에 평소보다 과하게 행동하는 것을 경계해야 해요. 예를 들어 지금 밖의 날씨가 40도 가까이 된다고 집에 오자마자 에어컨을 세게 틀어 설정 온도를

18도까지 내린다면 냉방병에 걸릴 수 있겠죠."

"아, 오버할 수 있다는 말씀이시군요."

재연이 고개를 끄덕이며 답했다.

"네. 불안감이 강하게 올라올 때는 뭐든 과해질 수 있는 것을 조심해야 해요. 폭식을 하거나, 충동구매를 한다거나, 하루 종일 톡이나 메신저를 붙잡고 있는 것 등이 그 예죠. 평소 마트에서 5만 원어치 정도 장을 보던 사람이 갑자기 20만 원어치를 사 오는 일도 있고요. 불안감을 잊기 위해 매일같이 약속을 잡는 사람들도 있어요."

산이 이해된다는 표정을 지으며 뒤통수를 벅벅 긁었다.

"쑥스럽지만 제가 그랬습니다. 지난번에 말씀드린 대로 영화에 실패한 직후였어요. 집에 혼자 있으면 불안감을 견딜 수가 없어서 매일 술 약속을 잡곤 했어요. 사람들과 만나서 웃고 떠들면 기분이 좀 나아지는 것 같았거든요. 그렇게 몇 달을 보내고 나니 남는 것도 없고 허탈한 기분만 들더라고요. 불안감은 더 심해졌고요."

서윤이 공감한다는 듯 고개를 끄덕이고는 대답했다.

"아, 좋은 교훈을 얻으셨네요. 사실 이럴 때는요. 오히려 수면과 업무를 제외한 나머지 일들을 평소보다 덜 하시는 것을 추천드려요. 식사도 소식하는 것이 좋고, 사람을 만나는 것도 꼭 필요한 만남 외에는 자제하시는 것이 낫고요. 특히 타인을 평가하거나 비교하는 사람들과는 반드시 거리를 두셔야 해요."

잠자코 듣고 있던 호정도 자신의 경험을 털어놓았다.

"생각해 보니 저도 비슷한 경험이 있어요. 유난히 불안이 심해졌던 시기가 있었는데 스트레스 때문인지 밤마다 계속 폭식을 했거든요. 그 결과 두 달 동안 몸무게가 7kg 정도 늘었고 소화 장애까지 생겨 한참 고생했죠. 명색이 환자를 돌봐야 하는 의사인데 스스로를 관리하지 못했다고 자책하게 되니까 기분까지 다운됐어요."

"그래도 잘 버텨내셨어요. 이제 알게 되셨으니 그 경험들이 미래에는 좋은 자산이 될 거예요. 다만 그렇다 하더라도 그때의 힘듦이 쉽게 잊히는 것은 아니지요. 그래서 같은 어려움을 가진 사람을 더 잘 이해할 수 있게 되는 거고요."

호정을 다정하게 다독인 서윤은 잠시 물 한 모금을 마신 뒤 B 유형이 빠질 수 있는 두 번째 함정에 대해 이야기하기 시작했다.

"다음으로 주의할 점은 손쉬운 쾌락에 빠질 수 있다는 거예요. 물론 '아이스크림 하나 먹어야지.', '맥주 한 잔 마셔야지.', 이 정도는 괜찮습니다. 다만 지나치게 탐닉하거나 자제가 어려워지면 그 자체로 새로운 문제가 야기될 수 있어요. 자기 전에 술을 한 잔씩 마시기 시작했다가 그만 습관이 되어 알코올 중독에 빠지는 것처럼 상당수의 중독 문제가 여기서 시작되곤 하죠."

서윤의 말을 들은 산은 꽤나 뜨끔했다. 동시에 그의 손이 저도 모르게 배를 슬슬 문질렀다.

'사실 주변 배우들이 불안하다고 술이나 마약에 빠지는 사례를 수도 없이 봤지. 흥행에 실패하거나 가십에 시달리면 불안감이 너무 심해지니까. 솔직히 이해는 가. 나도 그런 유혹에 넘어갈 뻔했었고……'

겉으로 내색하지는 않았지만 산의 머릿속에서는 불안감에 못 이겨 나쁜 선택을 한 수많은 선후배의 얼굴이 좌르륵 필름처럼 지나갔다.

> B 유형은 불안을 관리할 때 평소보다 과하게 행동하는 것을 경계해야 해요.

28

도파민만 쫓는 삶

✳

서윤이 계속해서 설명을 이어갔다.

"소설 『멋진 신세계Brave New World』*를 보면 '소마'라는 약이 등장하는데 그 약만 복용하면 고통과 우울이 단번에 사라진다고 해요. 하지만 소마를 삼키고 감정의 자유를 빼앗긴 사람들은 결국 성장을 멈추고 유대감을 잃어버리게

---

* 올더스 헉슬리Aldous Huxley가 1932년에 발표한 디스토피아 소설로 과학 문명이 극도로 발달한 미래 세계를 배경으로 하고 있다. 이 소설 속에서 인간은 인공 수정으로 태어나 유리병 속에서 보육되며 지능의 우열만으로 직업과 지위가 결정된다. 문명인에게는 '소마'라고 하는 일종의 마약이 주어지는데 이것을 복용하면 아무런 불안과 걱정 없이 인간이 느낄 수 있는 최고의 행복을 누릴 수 있다.

돼요. 그저 길들여지게 되는 거죠."

"저도 책의 앞부분만 읽었을 때는 소마 같은 약이 있다면 어떨까 생각했는데 갈수록 섬뜩하게 느껴졌습니다. 듣고 보니 불안을 잊기 위해 도파민에 빠져 버리는 경우도 비슷한 맥락이 아닐까 싶네요."

인재가 고개를 절레절레 흔들며 반응하자 호정도 한마디 거들었다.

"저는 생쥐를 이용한 중독 실험*이 생각나요. 지렛대를 누를 때마다 뇌의 특정 부위가 전기로 자극되게 했더니, 쥐가 그 쾌락에 중독되어 물도 사료도 먹지 않고 탈진할 때까지 계속 지렛대만 눌렀대요. 마찬가지로 우리 역시 불안을 피하기 위해 지렛대를 누르기 시작했다가는 자칫 위험해질 수 있겠어요."

인재와 호정을 바라보는 서윤의 눈빛이 반짝였다. 그녀는 나긋하면서도 단호하게 말했다.

"손쉽게 얻을 수 있는 쾌락에 빠져서 노예가 되는 것이 문제일 뿐이지 사실 중독이라고 해서 다 나쁜 것은 아니에

---

* 1954년 캐나다에서 이루어진 실험으로 이를 통해 학자들은 뇌에 쾌락을 담당하는 중추가 있음을 발견하게 되었다.

요. 지금은 '중독의 시대'라고 일컬어질 만큼 우리 모두 가벼운 중독 하나쯤은 갖고 있기도 하고요. 특히 저는 운동, 명상 등 단련된 쾌락^{**}에 의한 중독은 긍정적으로 봐요. 수많은 사례들을 분석해 본 결과 이런 좋은 중독은 운을 활용하는 데 오히려 도움이 되는 경우도 많았어요."

"선생님, B 유형이 주의할 점이 세 가지라고 하셨잖아요. 과하게 행동할 수 있다는 것, 쾌락에 탐닉할 수 있다는 것, 그럼 마지막은 무엇인지 궁금합니다."

인재가 서윤의 눈을 바라보며 묻자 그녀가 대답했다.

"세 번째로 주의할 점은 불안한 시기에 자신의 미래를 장밋빛으로만 그리거나 반대로 지나치게 비관적이 될 수 있다는 점이에요. 미래에 대한 환상에 빠져 있다 보면 오히려 '안 되면 어쩌나.' 하는 불안이 가중되게 마련이거든요. 그럼 반대급부로 최악의 상황을 떠올리기도 하죠. 문제는 이렇게 극과 극을 오가게 되면 불안은 더 커지면서 일상의 균형이 완전히 무너져 내린다는 거예요."

산의 어깨가 잘게 오르내렸다.

** 데이비드 T. 코트라이트가 쓴 『중독의 시대』에 나오는 용어로 몰입의 만족감, 문제 해결의 전율, 명상의 평온함처럼 즉각적인 보상을 주는 것은 아니지만 자신을 발전시키는 데 도움이 되는 쾌락을 뜻한다.

'인정하고 싶지는 않지만 너무 와닿는다. 블록버스터 영화에 출연할 때 그랬지. 보란 듯이 국내 흥행 스코어를 갈아치우겠다며 매니저에게 큰소리를 뻥뻥 쳤는데…… 그러다 생각만큼 안 되니까 기분이 한참 다운되기도 했었고. 그때 나는 불안을 잊기 위해 미래에 대한 환상을 만들어서 그걸 스스로에게 주입했던 것 같아. 결국 그 영화는 망해버렸지만…….'

산은 누가 자신의 생각을 읽기라도 할까 싶어 손으로 턱을 감싸 쥐었다.

B 유형은 불안한 시기에 자신의 미래를 장밋빛으로만 그리거나 반대로 지나치게 비관적이 되지 않도록 주의하세요.

186

불안에 대응하는 전략이 달랐던 두 디바

21세기 최고의 여성 디바Diva를 꼽으라고 하면 가장 많이 언급되는 두 사람이 있다. 미국의 테일러 스위프트와 영국의 아델이 그들이다. 세계 최정상급 여가수라는 공통점이 있지만 불안에 대응하는 스위프트와 아델의 전략은 완전히 달랐다.

A 유형: 테일러 스위프트

"이 앨범은 한밤중에 쓴 음악을 모은 수집품입니다. 악몽과 달콤한 꿈을 가로지르는 여정이기도 하죠. 잠 못 이루고 뒤척이다가 결국 등불을 켜고 뭔가를 찾으러 나갔지만, 아마도 자정쯤 그 누구도 아닌 자신을 맞닥뜨렸던 우리 모두를 위한 음악입니다."

테일러 스위프트가 2022년 자신의 새 앨범 '미드나이츠'의 서문에 쓴 글이다. 불안을 향해 돌진하는 A 유형답게 스위프트는 이 앨범에서 자신의 불안과 정면으로 마주했다. 그녀는 특히 앨범의 타이틀곡인 '안티 히어로'에 대해 "지금까지 이토록 깊게 내 불안감에 대해 파고든 적이 없었다."라고 밝혔다.

이 노래의 뮤직비디오에서 스위프트는 거대한 괴물로 변하거나, 체중계 위에 올라선 자신의 몸무게를 지적한다. 그러고는 "나야, 안녕. 모든 문제의 근원은 나야.It's me, Hi. I'm the problem, it's me." 라며 모든 불안의 근원이 자기 자신임을 고백하기도 했다.

자신에게 맞는 전략을 제대로 활용해서일까. 이 앨범에 실린 곡으로 '빌보드 핫100' 차트의 1~10위를 모두 점령, 이른바 '줄 세우기'를 하는 진기록을 세우기도 했다.

B 유형: 아델

아델은 지난 2021년, 6년 만에 새 앨범 '30'을 발표하며 자신이 겪었던 불안 장애를 고백했다. 그녀는 오프라 윈프리와의 인터뷰에서 "2019년에 이혼하고 불안장애가 심각하게 와서 꼼짝도 하지 못했다. 몸이 뜻대로 움직이지 않는데 정신은 멀쩡하니까 혼란스러웠다. 마치 몸만 다른 행성에 가 있는 것 같았다."라고 털어놨다.

이 시기 불안에 대응하기 위해 아델이 선택한 방법은 운동이었다. 그녀는 이렇게 말했다.

"체육관에 있으면 불안증이 오지 않았다. 그것은 온전히 나만을 위한 시간이었다. 이혼을 하자 평소에 세우던 계획들이 사라졌고 대신 나는 매일같이 운동과 등산을 했다. 그렇게 시간을 보내니 정신이 맑아졌다."

아델은 이 기간 동안 운동에 매진하면서 체중을 45kg나 감량하는 데 성공했다고도 전했다. 운동을 얼마나 하냐는 오프라 윈프리의 질문에 그녀는 "처음에는 5kg으로 시작해서 지난여름에는 데드리프트를 70~80kg까지 들었다. 선수 체질이다."라며 유쾌한 답변을 내놓기도 했다.

저는 여러분이 '이렇게 하면 행운이 오겠지.'
하면서 결과만 기대하는 것이 아니라,
지금 이 과정 자체에 집중하셨으면 해요.
불안을 받아들이고,
그 신호를 제대로 활용해서 자신에게 맞는 전략을 선택하고,
그 여정 속에서 만나는 나를 사랑하게 되는 과정을
경험하면서 기쁨을 느끼셨으면 해요.

29

Here and now

✳

"선생님, 그럼 불안감이 심해지는 시기에 과하게 낙관
적으로만 생각하거나 비관주의에 빠지지 않고 중심을 잡
으려면 어떻게 마음을 먹는 것이 좋을까요?"

조심스러운 호정의 질문에 서윤이 대답했다. 그녀의 목
소리에는 단단한 힘이 실려 있었다.

"중요한 질문을 해 주셨어요. 이럴 때일수록 '지금 그리
고 이 순간Here and now'에 집중하는 것이 중요해요. 여기
서 제가 말씀드리려는 것은 한때 유행했던 '욜로Yolo'를 뜻
하는 것이 아니에요. 에크하르트 톨레Eckhart Tolle의 표현을
빌려 설명드리자면 지금 이 순간을 충실하게 살아 내는 것

이죠Power of Now."*

서윤의 이야기가 봄바람처럼 포근하게 이어졌다.

"다시 말해 현재에 주의를 집중하고, 하고 있는 일에 온 전히 관심을 기울이며, 눈앞의 일을 있는 그대로 받아들이는 거예요. 이 순간을 존중하고, 그 시간 속에 머무는 것이기도 하고요."

서윤의 말을 들으며 호정은 속으로 되뇌었다.

'지금 이 순간에 집중하고…… 있는 그대로 받아들이며 현재에 머무는 것…….'

"제가 많은 분들을 컨설팅하며 확인한 바에 따르면 이렇게 현재에 집중할 때 마음 깊은 곳에서 확신과 함께 희망이 솟아오르곤 했어요. 그리고 그 희망은 닫힌 문이 아니라 열린 문을 바라보게 해 주죠. 새로운 운의 흐름을 탈 수 있게 도와주기도 하고요."

집중해서 듣고 있던 산이 손을 들고 질문했다.

"현재에 집중해야 한다는 것을 알면서도 그렇게 잘 안될 때가 많습니다. 불안할 때면 저도 모르게 생각이 여기저기로 마구 뻗어나가 버려서요. 이럴 때 좋은 방법이 있을까

---

* 에크하르트 톨레가 1997년에 출판한 저서의 제목이기도 하다.

요?"

산의 질문에 사람들의 눈길이 서윤에게 모였다. 서윤이 햇살처럼 밝게 웃으며 대답했다.

"그럼요, 불안할 때 생활 속에서 실천할 수 있는 작은 습관 하나를 소개해 볼게요. 일상적으로 마주치지만 친분은 적은 사람들이 있죠. 버스 기사나 카페 아르바이트생, 아파트 경비원이나 안내 데스크 직원 같은 분들요. 이런 분들에게 자신의 마음을 담아 따뜻한 말 한마디를 건네 보는 거예요. '맛있게 잘 먹었습니다.', '덕분에 편안하게 잘 왔습니다.' 등 진심을 담은 인사나 작은 친절을 보여주는 것만으로도 충분해요."

참석자들이 이해되었다는 듯 고개를 끄덕였다.

"이런 행동을 하면 불안할 때도 자신의 마음속에 여유와 긍정, 그리고 남을 향한 배려가 있다는 것을 확인할 수 있죠. 말을 건네는 순간 온전히 지금 이 순간에 머무르며 그 따뜻함을 느끼는 거예요. 다만 이때 친한 친구나 가족 등 가까운 사람들은 제외하는 것이 좋아요. 대화가 계속 이어지면서 가뜩이나 불안한 상태에서 필요 이상의 에너지를 소모할 수 있거든요."

"생각만 해도 벌써 기분이 좋아지는데요? 긍정적인 감

정을 유지하는 데도 도움이 될 거 같아요."

굳어 있던 어깨가 조금은 부드러워진 호정이 기분 좋게 대답했다. 다른 사람들도 웃음을 띤 채 저마다의 방식으로 편안해진 마음을 표현했다.

사람들의 반응을 보던 서윤이 기분 좋은 미소를 띠며 입을 열었다.

"이렇게 호응해 주시니 기쁘네요. 그럼 한 가지 더 소개해 볼게요. 혹시 설거지 명상에 대해 들어 보신 분 계실까요?"

싱글벙글하던 상우가 약간 어리둥절한 표정으로 물었다.

"명상이라고 하면 조용한 방에서 가부좌를 틀고 앉아서 하는 걸로 알았는데요. 설거지를 하면서도 명상이 된다고요?"

서윤이 빙긋 웃더니 물 흐르듯 자연스럽게 설명을 이어 갔다.

"특별히 따로 시간을 내지 않아도 지금 이 순간에 온전히 머무르면서 일상의 작은 행동에 편안하게 집중한다면 모든 것이 명상이 될 수 있어요. 그중에서도 틱낫한Thich Nhat Hanh 스님이 소개한 설거지 명상에 대해 말씀드려 볼게요. 그릇을 씻으면서 손이 따뜻한 물에 닿고, 그릇 하나

하나를 깨끗하게 씻고, 그릇과 물, 내 손의 움직임을 알아차리며 그 순간에 머무른다면 설거지가 수단일 뿐 아니라 동시에 목적이 될 수 있겠죠. 그릇을 씻는 매순간이 충실한 삶의 순간이 되는 거예요."

사람들이 서윤의 말에 집중하며 흥미로워하는 표정을 짓자 그녀가 흐뭇한 미소를 지으며 덧붙였다.

"빌 게이츠나 제프 베조스도 저녁 식사를 끝내면 항상 설거지를 한다고 해요. 특히 빌 게이츠는 설거지하는 시간이 뇌가 즐겁게 휴식을 취하는 시간이라고 했죠."

불안한 시기일수록 '지금 그리고 이 순간Here and now'에 집중하는 것이 중요해요.

경외심

✳

"**선**생님, 오늘 설명을 듣고 나니 제가 A 유형이라는 확신이 생겼어요. A 유형이 빠질 수 있는 함정 하나하나가 엄청 와닿았거든요. 은총알을 바랐던 적도, 실제로 그것 때문에 실수한 적도 있었고요."

재연이 솔직하게 털어놓자 이번에는 산이 나섰다.

"저도 이제 좀 알 것 같습니다. 오늘 이야기를 듣고 나서 저는 B 유형인 걸로 결론 내렸습니다."

사람들의 대화를 들으며 호정도 속으로 생각했다.

'나는 B 유형 같고…… 우리 지우는 A 유형 같은데?'

자신이 어떤 유형일지 부지런히 머리를 굴리던 지혁도

확신을 갖고 고개를 끄덕였다.

'짐작했던 대로 나는 A 유형이 맞는 것 같군.'

그때 상우가 손을 들더니 서윤에게 질문을 던졌다.

"선생님, 주제를 살짝 바꿔서 질문하고 싶은 것이 있습니다. 저는 불안이 심해질 때 유독 소화장애나 불면증이 생겨서 고생한 적이 많았는데요. 그러다 보니 불안해질 때마다 이러다 또 몸이 안 좋아지는 것 아닌가 하는 두려움도 항상 따라왔습니다. 이럴 때 도움이 되는 방법이 있을까요?"

상우의 질문을 들은 서윤이 잠시 생각하는 듯하더니 차분한 음성으로 대답했다.

"그럴 때는 경외심Awe°에 대해 생각해 보는 것이 좋을 것 같아요. 연구 결과°°에 따르면 경외심이 몸 안에서 염증이 작용하는 정도를 낮추고 면역력을 높이며 스트레스를 줄인다고도 하고요."

"아, 경외심이요? 저희가 일반적으로 알고 있는 그 의미

°   경외심awe은 우리가 경이롭고wondrous, 놀랍고amazing, 영감을 주는inspiring 것들을 경험하거나 목격할 때 생기는 복합적인 감정이다. 극지방에서 환상적인 오로라를 바라볼 때, 놀라운 예술 작품을 감상할 때, 혹은 우주 비행사들이 우주에서 지구를 볼 때 인간은 경외심을 느끼곤 한다.

로 이해하면 되겠습니까?"

그녀의 답변이 의외였는지 상우가 확인하듯 재차 물었다. 그러자 서윤이 힘 있게 고개를 끄덕이며 답했다.

"네, 한자어(敬畏心, 경외심) 그대로 공경하면서 두려워한다는 뜻이에요. 우리가 오로라나 거대한 폭포와 같은 자연현상 앞에 서면 경외심을 느끼곤 하는데요. 마찬가지로 삶에 대해 경외심을 갖는다는 것은 우리가 인생을 겸손하고 경이롭게 대하는 것을 뜻해요."

사람들이 자세를 바로 하고 진지하게 서윤의 말에 귀를 기울였다.

"특히 경외심에 대한 감수성을 깨우는 것이 중요해요. 삶 자체가 보여주는 경이로움과 신비에 마음을 여는 거죠. 인생을 살다 보면 슬프고 비극적인 일들도 일어나지만, 그 너머의 것들이 있다는 것을 느끼고, 우리 또한 그 이상의

•• 최근 발표된 연구 결과에 따르면 경외심은 건강에 긍정적인 영향을 주고 행복지수를 높여 준다고 한다. 지난 2015년 학술지 「이모션Emotion」에서도 긍정적인 감정 가운데 낮은 레벨의 사이토카인 수치와 상관관계가 가장 높은 것이 경외심이라고 발표했다. 일반적으로 사이토카인 수치가 올라가면 당뇨병과 심장 질환, 우울증에 걸릴 위험이 올라가는 것으로 알려져 있다. 스탠포드 대학팀이 2012년에 발표한 연구 결과에서도 경외심을 느낀 사람들은 자신에게 더 많은 시간적 여유가 있다고 인지했으며 물질적인 것보단 경험에 더 높은 가치를 두었다.

존재라는 것을 인식하는 거예요."

인재가 서윤의 말에 응수했다.

"아무래도 경외심을 일깨우려면 좀 의식적인 노력을 해야 할 것 같습니다. 저절로 되지는 않을 것 같아서요."

"맞아요. 그래도 중요한 건 그렇게 노력할 만한 가치가 있다는 거예요. 경외심에 대한 감수성을 키우기 위해 제가 추천하고 싶은 방법이 하나 있어요. 경외심을 느낄 수 있는 자연현상 하나를 마음에 두는 거예요. 제가 공부한 동서양의 운명학 중 여러 가지가 별의 움직임과 관련되어 있어서 그런지 저는 하늘의 별을 볼 때면 경외심이 느껴져요."

"아아, 진짜 마음속에 그런 장면이 하나쯤 있으면 도움이 되겠네요."

재연이 밝은 목소리로 말하자 서윤이 빙그레 웃으며 대답했다.

"네. 그리고 꼭 멀리 해외로 떠나야 볼 수 있는 대단한 자연현상일 필요는 없어요. 그것보다는 오히려 일상에서 자주 부딪히는 장면 중 하나를 정하는 것이 좋아요. 어떤 사람은 아스팔트 사이에 피어난 들꽃 하나에 경외심을 느낄 수도 있고, 다른 사람은 비가 갠 뒤 유난히 맑은 하늘을 보며 비슷한 감정을 느낄 수도 있어요. 다만 번개나 폭풍 같이 두려움을 불러일으키는 것들은 제외하시고요. 되도록 긍정적인 느낌을 불러일으키는 자연현상 가운데 하나를 정하시는 걸 추천드려요."

산이 가슴을 펴더니 활짝 웃으며 말했다.

"저에게도 그런 장면이 하나 있습니다. 제 이름이 산이라서 그런지는 몰라도 등산을 참 좋아하거든요. 산 정상에 올라 탁 트인 하늘과 눈 아래로 보이는 풍광을 보고 있으면 정신이 맑아지는 기분이 들어요. 아, 말 나온 김에 당장 이번 주말에 북한산에 가야겠는데요?"

산의 너스레에 사람들이 가볍게 웃음을 터뜨렸다.

경외심에 대한 감수성을 깨우는 것이 중요해요. 삶 자체가 보여주는 경이로움과 신비로움에 마음을 여는 거죠.

제인 구달이 경외심을 느꼈던 순간

"주변의 아름다움에 경외감을 느끼며 저는 고도의 자각 상태에 빠져들었나 봅니다. 너무나 갑작스럽게 찾아온 진실의 순간을 말로 표현하기란 정말 어렵습니다. 시간이 흐른 뒤 그 경험을 돌이켜 봤을 때 당시의 저는 자아가 완전히 사라진 것 같았습니다. 나와 침팬지, 땅과 나무와 공기가 합쳐져 마치 생명이 지닌 영적인 힘과 하나가 된 것 같았습니다."

아프리카 침팬지 연구로 세계적인 명성을 얻은 영국의 동물학자이자 환경운동가인 제인 구달Jane Goodall 박사는 2000년 출간한 자신의 책 『희망의 이유Reason for Hope』에서 경외심을 느꼈던 순간에 대해 이렇게 털어놓았다.

그녀는 침팬지 연구 기금 마련을 위해 6주 동안 미국에서 일정을 소화한 후 탄자니아의 곰비 숲에 막 돌아온 참이었다. 박사는 도착한 순간 자신이 목도했던 놀라운 경험을 이렇게 묘사하기도 했다.

"마치 보이지 않는 손이 커튼을 걷어 올린 것 같았고, 아주 잠깐 동안 저는 창문 너머 다른 세상을 본 것 같았습니다. 순식간에 '외부 사물에 대한 통찰력'을 얻었고 시대를 초월한 진리와 조용한 황홀경을 느꼈습니다. 그 찰나의 경험이 항상 제 마음속에 남아 평생 저와 함께할 것이라는 사실도 알게 되었지요."

물론 우리가 일상에서 찾을 수 있는 경외심은 구달 박사가 느낀 것처럼 일생일대의 경험일 필요는 없다. 심리학자 대커 켈트너 Dacher Keltner는 자신의 저서 『경외심』에서 이 감정을 느낄 수 있는 순간을 다음과 같이 설명했다.

1. 타인의 용기, 친절, 정신력, 또는 역경 극복 사례를 보았을 때
2. 군무를 추거나 스포츠 경기장에서 집단으로 움직이며 수많은 사람들과 하나가 되는 경험
3. 대자연을 마주했을 때
4. 음악을 들었을 때
5. 예술과 시각 디자인
6. 영적이고 종교적인 신비체험

켈트너는 "경외심에 대해 열린 마음만 갖고 있으면 누구든 어떤 환경에서도 그 감정을 느낄 수 있다."라며 "내가 감옥에서 강의를 할 때도 마찬가지였다. 경외심에 대해 배우고 나자 수감자들은 그저 산책을 하거나 스포츠를 할 때도 경외심을 느낀다고 말했다."라고 밝힌 바 있다.

"내 마음을 경외심으로 가득 채우는 방법에는 두 가지가 있다. 별이 빛나는 내 위의 하늘, 그리고 내 안에 존재하는 도덕 법칙이다."

— 임마누엘 칸트

31

공격 축구 vs 수비 축구

✳

모임이 끝을 향해 달려가고 있었다. 사람들은 각자 편안한 분위기에서 짝을 지어 이런저런 이야기를 나누고 있었다.

"선생님, 저 하고 싶은 말이 있는데요."

호정과 이야기를 나누던 재연이 서윤을 향해 입을 열었다.

"저는 솔직히 B 유형이 부러워요. 불안할 때마다 온 힘을 다해 싸워야 해서 사실 좀 힘들었거든요. 그런데 B 유형인 제 동생을 보니 그렇게까지 하지 않아도 일이 잘 풀릴 때가 많더라고요."

그러자 호정이 재연을 보며 말했다.

"어머, B 유형인 저는 오히려 A 유형이 더 부러운데요? 불안할 때 힘을 집중할 수 있다는 것이 멋있어 보여요."

서윤이 호정과 재연을 번갈아 보며 미소를 지었다.

"불안할 때 A 유형이 칼을 휘두르며 적진을 뚫고 나간다면 B 유형은 실력을 키우며 때가 오기를 기다리는 셈이에요. 보통 B 유형들은 A 유형이 더 눈에 띄고 화려해 보인다고 말씀하시고 반대로 A 유형 분들은 '도대체 어떤 운이 길래 싸우지 않고도 이기냐.'며 B 유형을 신기하게 생각하세요."

서로 이야기를 나누던 사람들의 시선이 어느새 서윤에게 향해 있었다. 참석자들은 저마다의 이유로 각자 고개를 끄덕였다.

"이 내용은 스포츠에 빗대서 설명드리면 이해하기 좀 더 편하실 것 같아요. '공격 축구'와 '수비 축구'라는 표현이 있어요."

서윤이 말을 꺼내자 인재가 신이 난 듯 맞장구를 쳤다.

"아, 이해했습니다! 불안할 때 A 유형이 공격 축구에 방점을 두어야 한다면 B 유형은 수비 축구에 치중해야 한다는 말씀이시군요."

평소 자신이 열광하던 축구에 비유하자 신이 난 상우도

기분 좋게 거들었다.

"저도 사실 박진감 넘치는 공격 축구를 더 좋아합니다만, 사실상 승률은 수비 축구가 더 높다는 말도 있죠. '공격은 관중을 부르고 수비는 승리를 부른다.'는 말도 있고요."

인재와 상우의 말을 듣고 있던 서윤이 환한 미소를 지어보였다.

"아, 저도 축구를 좋아해서 그런지 두 분 이야기가 재미있네요."

그리고 그녀는 보다 분명하게 덧붙였다.

"제가 여기서 꼭 말씀드리고 싶은 것은 B 유형이라고 해서 A 유형보다 결코 노력이 부족한 게 아니라는 거예요. 수비 축구를 한다고 해도 탄탄한 실력이 있어야 공격 찬스를 살릴 수 있는 것처럼 불안을 넘어 행운을 만나기까지 들여야 하는 노력의 총량은 두 유형 모두 비슷하다고 할 수 있어요."

"그렇다면 B 유형은 평소에 실력을 잘 쌓아 놔야겠군요. 결정적인 찬스가 왔을 때 슛을 골인시킬 수 있게요."

인재가 이해된다는 듯한 표정으로 말하자 서윤이 고개를 크게 끄덕였다.

"지금 당장은 상대가 가진 장점이 더 커 보일 수 있어요.

하지만 이 과정들을 충실히 거치며 자신만의 행운을 찾아가게 되면 어느새 내가 가진 특별함, 그것으로 빚어내는 나만의 행운에 대해 알 수 있을 거예요. 자연히 다른 사람과 비교하는 것을 멈추게 되고 한발 더 나아가 타인의 특별함까지 인정할 수 있게 되죠."

서윤은 차분한 목소리로 한 마디 더 덧붙였다.

"여기서 제가 좋아하는 마가릿 미드Margaret Mead*의 말을 들려 드리고 싶어요. '당신이 절대적으로 특별한 존재임을 기억하세요. 다른 모든 사람들처럼.' 여러분도 이 말을 꼭 기억하셨으면 해요."

서윤의 말을 귀 기울여 들은 산이 고개를 끄덕이며 깊이 공감했다.

'요즘 내 감정 상태에 오롯이 집중하면서 확실히 외부 시선에 대해 신경 쓰는 것이 줄었어. 나에 대한 기사나 악플 들을 예전보다는 가볍게 넘길 수 있게 됐으니까.'

잠자코 이야기를 듣고 있던 지혁도 입을 열었다.

"작가님, 오늘 이야기 잘 숙지했습니다. 제가 A 유형인지 B 유형인지도 어느 정도 가닥이 잡혔으니…… 이제 실

---

* 미국의 문화인류학자

천하는 일만 남았네요."

서윤이 맑은 미소로 화답한 뒤 따뜻하게 당부했다.

"저는 여러분이 불안을 받아들이고, 그 신호를 제대로 활용해서 자신에게 맞는 전략을 선택하고, 그 여정 속에서 만나는 나를 사랑하게 되는 과정을 경험하면서 기쁨을 느끼셨으면 해요."

부드러운 어조로 서윤은 말을 이어갔다.

"예컨대 '봄이 언제 오나?' 하면서 추운 겨울을 억지로 감내하는 것이 아니라 눈이 내리는 풍경, 추운 날씨에 더 맛있는 음식, 겨울과 연관된 소소한 즐거움…… 이렇게 작은 행복감을 느끼며 봄을 기다리는 지혜를 갖춰나가는 거예요."

모임을 마무리하는 서윤의 말을 들으며 호정은 오랜만에 깊은 편안함을 느꼈다.

'듣기만 해도 마음이 편안해진다. 이렇게 나를 알아 가는 과정이 참 좋아. 행복하다는 생각도 들고…….'

휴, 짧은 한숨을 내쉰 지혁의 가슴에도 부풀어 오르는 듯한 고양감이 가득 차올랐다.

'이렇게 발전하고 있다는 느낌은 참 오랜만이군. 솔직히 그동안은 계속 소모되고 있다는 느낌이 강했는데 요즘은

진짜 살아 있다는 기분이 든다.'

모처럼 지혁의 가슴이 넓게 펴졌다.

'봄이 언제 오나?' 하면서 추운 겨울을 억지로 감내하는 것이 아니라 겨울과 연관된 소소한 즐거움과 작은 행복감을 느끼며 봄을 기다리는 지혜를 갖춰나가는 거예요.

Part 5

더 나은 나를 향하여

32

감정의 균형

✳

몇 시간 전, 산은 매니저에게서 급한 연락을 받았다. 의논할 것이 있으니 서둘러 사무실로 오라는 것이었다. 영문도 모른 채 도착한 산이 기획사 사무실 소파에 앉자마자 매니저가 호들갑을 떨었다.

"형, 이영미 작가가 새로 쓰고 있다는 작품 있잖아요. 이제 곧 남주 캐스팅 시작된대요."

'아, 그 일제 강점기를 배경으로 한다는 판타지물? 스타 작가에 OTT 제작비가 500억 이상이라 벌써 대작이라고 소문났던데…… 그런데 남주라면…… 혹시 나도?'

산은 가슴에서 실낱같은 희망이 비집고 나오려는 것을

애써 누르고는 무덤덤한 척했다. 그런데도 핸드폰 액정을 건성으로 터치하며 은근히 매니저의 말에 귀를 기울였다. 매니저는 산의 버릇을 익히 알고 있었기 때문에 계속해서 떠들어댔다.

"지금 작가가 언급한 배우가 두 명인데…… 그중 하나가 형이래요!"

의외였다. 침착함을 가장했지만, 산의 얼굴에는 놀라움과 희망의 빛이 감돌고 있었다.

사실 산은 몇 년째 작품 활동을 쉬고 있었다. 영화 두 편이 연속으로 실패한 뒤 엎친 데 덮친 격으로 코로나까지 터졌다. 촬영을 마친 작품들은 개봉이 연기되었고 출연하기로 한 작품들은 촬영 자체가 엎어졌다. 그러다 보니 자의반 타의반으로 공백기가 길어지고 말았다. 산은 여전히 핸드폰에 몰두하는 척 하면서 궁금한 것을 툭 물어봤다.

"나머지 한 명은 누군데?"

매니저가 선뜻 대답하지 못하고 우물쭈물하자 조바심이 난 산이 재차 물었다.

"왜? 누군데 그래?"

"그게…… 민규 형이래요."

순간 눈에서 불이 번쩍 튀었다.

산이 슬럼프를 겪는 동안 가장 덕을 본 사람이 민규였다. 조연급이던 민규가 산의 자리를 꿰차며 사실상 주연급으로 올라선 것이다. 사실 민규는 산이 아끼던 후배 중 한 명이었다. 그래서 영화판에선 '윤산이 업어 키운 이민규에게 통수 맞았다.'라는 말이 공공연하게 돌곤 했다.

'민규라고…….'

스타 작가에 저 정도 투자비면 대박은 거의 확실했다. 사실상 글로벌 1위를 찍는다고 봐도 무방했다.

'이런 작품을 놓치면 난 끝장이야. 내가 까인 것도 금방 소문날 테고 그럼 뭐, 완전히 맛이 갔다고들 하면서 캐스팅 제안도 하지 않겠지. 그냥 그대로 고꾸라지는 거지…….'

여기까지 생각이 흐르자 마음이 급해졌다. 산은 무심한 척 보고 있던 핸드폰을 내려놓고 다급하게 매니저를 쳐다봤다.

"야, 그럼 우리도……."

"우리도 이영미 작가한테 먼저 만나자고 연락 넣어 볼까요? 마침 중간에 잘 아는 형이 있어요."

반색하는 매니저의 말에 바로 대답하려던 찰나였다. 산의 마음속에서 무언가 탁 걸렸다. 잠시 말을 멈춘 산의 귓가에 서윤의 목소리가 맴돌았다.

"B 유형은 불안의 에너지를 흩어지게 하면서 배가 잘
떠 있도록 균형을 잡는 것이 우선이에요. 불안 때문에 배
가 지나치게 흔들리거나 뒤집히지 않도록 일상을 잘 유지
하는 거죠."

'B 유형은 먼저 감정의 균형을 찾으라고 했어. 특히 과
한 낙관과 비관은 경계하라고…… 내가 지금 드라마에 대
해선 지나치게 낙관하고, 반대로 출연 못 할 경우에 대해
선 너무 비관하는 건지도 몰라. 일단 심호흡부터 해 보자.
현재에 집중하는 거야.'

산은 잠시 창밖을 보며 후우하아, 호흡을 가다듬었다.
빠르게 뛰던 심장이 조금씩 가라앉는 것도 같았다. 불안이
누그러지자 머릿속도 맑아지기 시작했다.

'그러고 보니 아직 대본도 안 봤네. 윤산, 너 원래 대본
서너 번은 읽고 출연 결정을 했잖아. 이건 아니지. 정신 차
려!'

"형……?"

매니저가 걱정스러운 눈빛으로 산을 불렀다. 그는 한결

차분해진 목소리로 매니저에게 대답했다.

"대본이 들어오면 그때 가서 보고 결정하자. 굳이 먼저 연락할 필요 없어."

"민규 형네는 벌써 움직인다고 하던데…… 이러다가 버스 떠나요."

"됐다. 나 오늘 운동하려고 나왔으니까, 오늘은 여기까지 하자. 그럼 수고!"

"형!"

매니저의 애절한 부름을 뒤로한 채 산은 차를 몰고 한강으로 향했다. 탁 트인 하늘과 강을 보니 마음이 좀 뚫리는 것 같았다.

'이럴 때일수록 마음 관리가 중요하다고 했어. 일단 이번 주랑 다음 주 약속은 다 취소하고, 오늘은 계획대로 러닝이나 좀 해 볼까?'

시원한 강바람이 그의 뺨을 기분 좋게 어루만졌다.

33

엔트로피

✳

서윤은 만면에 흐뭇한 미소를 띤 채 산의 이야기를 듣고 있었다. 그가 성급하게 결정하려다가 멈췄던 일을 말할 때는 밝게 웃으며 고개를 끄덕이기도 했다.

산의 이야기가 끝나갈 무렵 이번에는 호정이 말을 꺼냈다.

"선생님, 불안을 신호로 삼아 행동하다 보면 '더 나은 나'가 될 수 있다고 하셨는데요. 좀 더 자세하게 듣고 싶습니다."

호흡을 가다듬으려는 듯 호정이 말을 잠시 끊었다가 다시 이어갔다.

"40대 초반까지만 해도 남들보다 나은 직장, 좋은 집, 비싼 차…… 이런 것들이 중요하다고 생각했어요. 하지만 이젠 어떤 모습으로 나이 들어가느냐가 더 중요하지 않을까 생각합니다."

호정이 이야기를 마치자 지혁이 그 바통을 이어받았다.

"저도 요즘 생각이 많습니다. 젊을 때는 저만의 인생을 살겠다고 다짐했는데 돌아보면 그렇지 못했던 것 같습니다."

계속 말을 해야 하나 잠시 망설이던 지혁은 있는 그대로 속내를 털어놓기로 마음먹었다.

"제가 작년에 갑자기 지방으로 발령을 받았습니다. 쉽게 말해 물을 먹은 거죠. 솔직히 충격이 컸습니다. 그러다 보니 좋지 않은 운을 만나도 잘 버틸 수 있는 내공이 중요하다는 생각이 들었습니다."

호정과 지혁의 말을 귀 기울여 듣던 서윤이 부드럽게 말했다.

"두 분의 진술한 이야기를 들으니 저도 마음 깊은 곳에서 울림이 있네요. 안 그래도 오늘 불안을 통해 더 나은 나를 만나게 되는 과정에 대해 말씀드리려고 했는데, 분명 도움이 되실 거예요."

서윤이 미소를 띤 채 사람들을 둘러봤다. 사람들은 단숨에 그녀에게 주의를 집중했다.

"본격적으로 들어가기에 앞서 혹시 '엔트로피entropy'에 대해 설명해 주실 분이 계실까요?"

서윤의 요청에 상우가 씩씩하게 손을 들고 말했다.

"제가 한번 설명해 보겠습니다. 쑥스럽지만 제 부전공이 물리학입니다."

서윤이 미소를 지으며 살짝 고개를 끄덕였다.

"단순하게 말씀드리자면 엔트로피란 것은 계의 무질서한 정도를 나타냅니다. 엔트로피가 클수록 더 무질서하다고 보면 되고요. 예를 들어 방이 많이 어질러져 있다면 엔트로피가 크고, 방이 잘 정돈되어 있다면……."

상우가 말을 맺지 않고 어깨를 으쓱였다. 그것을 본 인재가 뭔가 눈치챘다는 듯 웃으며 말했다.

"하하, 엔트로피가 작겠네요. 상우 님, 다양한 분야를 커버하십니다. 저도 분발해야겠는데요?"

인재의 말에 상우는 뿌듯한 표정으로 양손을 펼쳤다. 서윤도 싱긋 웃으며 화답했다.

"물리학을 공부하셨다니 오늘 큰 도움을 주실 수 있겠네요. 말씀해 주신 것처럼 엔트로피가 클수록 더 무질서한 상태라고 할 수 있어요. 저는 자연법칙과 마찬가지로 불안할수록 엔트로피도 커진다고 보고 있고요.”

갑자기 재연이 알겠다는 듯 두 손을 마주치며 말했다.

“너무 와닿는데요? 불안해지면 머릿속이 뒤엉키며 혼란스러워지거든요. 생각이 요동치면서 여기저기로 튀어나가는 것 같기도 하고요. 말 그대로 어지러운 혼돈 상태에 빠지는 것 같은 기분이 들면서요.”

미소를 띤 채 서윤이 살짝 덧붙였다.

“네. 한 가지만 덧붙이자면 엔트로피가 평형 상태에서 발생하는 것*처럼 대부분의 불안도 아직 외부적인 사건이 일어나지 않은, 즉 겉보기에는 변화가 없는 상태에서 생기곤 해요.”

상우가 알겠다는 듯 답했다.

“아, 제가 이미 시험에서 떨어졌다면 그 일로 인해 불안이 생기지는 않겠죠. 보통은 시험을 보기 전, 즉 겉으로 보기에는 아직 변화가 없을 때 불안해지니까…… 어떻게 보면 불안이 일어나는 상태도 평형 상태와 비슷하겠네요.”

---

* 엔트로피는 열역학적 평형 상태에서만 정의된다. 평형 상태에서는 물질의 기계적 성질들이 일정하게 유지된다.

엔트로피, 그리고 평형과 비평형

1. 엔트로피란

엔트로피는 1865년 독일의 루돌프 클라우지우스Rudolf Clausius 가 증기기관의 효율을 분석하기 위해서 처음 정의했고, 1877년 비운의 물리학자 루드비히 볼츠만Ludwig Boltzmann이 통계적 의미를 밝혀낸 열역학적 양이다. 엔트로피란 계system의 흐트러진 정도, 즉 무질서의 정도를 나타내는 것으로 모든 것이 규칙적으로 정돈되어 있으면 엔트로피의 값이 작고, 완전히 흐트러져 있으면 큰 값을 갖게 된다.

'열역학 제2법칙', 다른 말로 하면 '엔트로피 증가의 법칙'에 따르면 외부와 완전히 고립된 계의 엔트로피는 결코 줄어들지 않는다. 즉 자연 상태에서 일어나는 모든 자발적인 변화는 시간의 흐

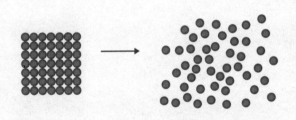

엔트로피는 무질서한 정도를 뜻한다. 모든 것이 잘 정렬되어 있는 상태의 엔트로피는 작고 (그림 좌측), 무질서가 심해질수록 엔트로피는 증가한다(그림 우측). 그림은 엔트로피가 작은 상태에서 큰 상태로 변하는 모습.

름에 따라 엔트로피가 증가하는 방향, 즉 무질서한 정도가 심해지는 쪽으로 움직인다. 결국 엔트로피는 세상에서 일어나는 자발적이고 자연적인 변화의 방향을 가늠할 수 있도록 해 준다.

2. 평형과 비평형

우리가 잔에 커피를 탄 뒤 식탁 위에 그대로 두었다고 생각해 보자. 커피가 식다가 어느 순간이 되면 그 상태가 일정하게 유지될 것이다. 이처럼 시간이 흘러도 계의 성질이 변하지 않는 경우를 열역학에서는 '평형equilibrium' 상태라고 부른다. 즉, 평형의 '상태state'에서는 물질의 양, 온도, 압력, 부피와 같은 기계적 성질들이 일정하게 유지된다. 엔트로피나 에너지와 같은 열역학적 변수

오스트리아 빈에 위치한 루드비히 볼츠만의 묘비(그림 위) 상단에는 볼츠만의 상반신 조각과 함께 엔트로피의 방정식(그림 아래)이 새겨져 있다. 엔트로피의 식인 'S=k·logW'에서 S는 엔트로피, W는 무질서를 뜻한다. 즉 무질서의 값이 커질수록 엔트로피도 커지게 된다.

들도 이와 같은 평형 상태에서만 정의된다.

사실 겉으로 보기에는 아무 변화가 없는 커피도 그 안의 분자들은 끊임없이 움직이고 있다. 다만 이 분자의 수가 지나치게 많고, 하나하나의 움직임이 너무 빠르고 복잡해서 추적할 수가 없을 뿐이다. 이처럼 계를 구성하는 입자 수준에서는 변화가 지속되더라도 거시적으로는 그런 변화를 감지할 수 없는 경우를 열역학에서는 '동적 평형 상태dynamic equilibrium state'라고 한다.

이번에는 수도꼭지에 물을 틀고 물이 일정하게 떨어지는 모습을 바라보고 있다고 해 보자. 떨어지는 물기둥 그 자체만 보고 있으면 물이 밖으로 튕겨 나가거나 물의 흐름이 바뀌는 등의 변화가 보이지 않을 수도 있다. 이때 물이 흘러가는 상태는 계의 기계적 성질이 끊임없이 변화하는 '비평형nonequilibrium' 상태다.

일리야 프리고진의 '비평형 열역학'이 바로 비평형 상태에서 변화의 과정에 주목한 최초의 시도였다. 프리고진은 변화가 멈춰버린 '있음(being, 평형)'의 상태보다 변화가 진행되고 있는 '됨(becoming, 비평형)'의 상태가 더 일반적이라고 말했다. 그에 따르면 됨의 상태는 단순히 두 개의 서로 다른 '있음'의 상태를 연결하는 것 이상의 의미를 지니고 있다.

이렇게 나선형으로 상승 곡선을 그리다 보면 우리는
점점 더 자기 자신으로 살아가게 돼요. 내 삶에 대한 자긍심이
차곡차곡 쌓이면서 자연스럽게 자존감도 올라가게 되고요.
그 결과 타인과의 비교에서도 점점 자유로워지죠.
내 운명 안에는 나만을 위한 행운이 준비되어 있음을
깨닫게 되기 때문이에요.

34

구름은 그저 구름일 뿐

✳

설명을 듣던 상우가 약간 상기된 표정으로 입을 열었다.

"제가 이과라서 원래 이런 주제를 좋아합니다만…… 이렇게 풀어 가니까 진짜 흥미롭습니다."

서윤이 차분하게 대답했다.

"네. 문제는 엔트로피가 지나치게 증가하다 보면 운을 유리하게 활용하기 힘들어진다는 데 있어요. 즉 불안에 휩쓸려 잘못된 판단을 내리기 쉬워지는 거죠."

인재가 눈썹을 모으며 고개를 저었다.

"으…… 그건 정말 피하고 싶네요."

살짝 고개를 끄덕인 뒤 서윤은 다시 대화를 이끌어 나

갔다.

"지금 우리 앞에 놓인 불안을 구름에 비유해 볼게요. 불안이 심해질수록 구름은 더 짙어진다고 할 수 있겠죠. 그럼 먹구름으로 변하게 되고 급기야 비바람이나 폭풍우를 몰고 올 수도 있어요."

사람들은 집중해서 서윤의 말을 경청했다.

"하지만 우리가 불안을 이전과 다르게 인식한다면, 그 자체로 구름이 흩어지는 시발점이 될 수 있어요. 구름이 서서히 흩어져 가면 뒤에 숨어 있던 빛이 저절로 그 모습을 드러내게 되는 거고요."

서윤의 설명을 들으며 산은 최근 드라마 캐스팅 때문에 매니저를 만났을 때를 떠올렸다. 매니저가 경쟁자 이야기를 꺼내자 불안이 확 올라왔더랬다. 그 상황을 되짚던 순간 산의 뇌리에 어떤 깨달음이 지나갔다.

"아! 불안을 운의 신호로 인식하니 뭔가 변화가 느껴지긴 했어요. 불안이 마구 커져 가다가 그 순간에 딱 멈추더라고요. 뭔가 에너지의 흐름을 바꾼 느낌? 좀 웃긴 표현일 수 있지만 영화 매트릭스에서 각성한 네오가 손을 들자 날아오는 총알들이 모두 멈춰 서잖아요. 마치 제가 그런 능력자가 된 기분이었어요, 하하하."

산의 웃음에 서윤이 밝은 미소를 지으며 화답했다.

"아, 그 느낌을 잘 기억해 두세요. 자신의 내면을 그 정도로 감지할 수 있다는 것은 의식 수준이 어느 정도 올라왔다는 뜻이거든요. 이제 불안을 관찰자의 시선으로 바라보고 있다는 것을 보여주는 것이기도 하고요."

기분 좋은 듯 산이 활짝 웃자 서윤이 미소를 지으며 덧붙였다.

"구름은 그저 구름일 뿐이에요. 구름 자체를 두려워하실 필요는 없어요. 그리고 모든 구름 뒤에는 밝은 빛이 있다는 사실 역시 꼭 기억해 주세요."

구름은 그저 구름일 뿐이에요. 구름 자체를 두려워하실 필요는 없어요. 그리고 모든 구름 뒤에는 밝은 빛이 있다는 사실 역시 꼭 기억해 주세요.

35

소산구조

✳

잠시 피었던 웃음 구름이 가라앉자 서윤이 매끄럽게 대화를 다음 단계로 이끌었다.

"이제 '더 나은 나'가 되는 과정에 대해 본격적으로 이야기를 풀어 보려고 하는데요. 다시 한 번 상우님의 도움을 받아야 할 것 같아요. 혹시 프리고진의 소산구조라는 개념에 대해 설명을 부탁드려도 될까요?"

서윤의 말에 상우가 쑥스럽다는 듯 머리를 몇 번 긁더니 입을 열었다.

"네. 열역학의 시인, 일리야 프리고진Ilya Prigogine 말씀이시지요? 비평형 열역학과 소산구조에 대한 연구로 노벨상을 받았죠."

상우는 잠시 물 한 모금을 마시고는 설명을 이어갔다.

"기존 학자들이 '평형 상태에서 저절로 일어나는 변화에서는 엔트로피가 일정하거나 증가한다'*라고 주장해 왔는데요. 이에 대해 프리고진은 '아니다. 비평형의 카오스 chaos** 상태에서 엔트로피가 감소하는 것처럼 보이는 소산구조dissipative structure***가 나타날 수 있다.'라고 반박을 한 겁니다."

마치 강사 같은 말투로 상우가 설명하자 인재가 웃음을 터트리며 말했다.

"제가 명색이 강사인데…… 설명을 너무 잘하시는데요?"

"하하, 그런가요? 프레젠테이션 하던 버릇이 있어서 그런가."

---

* 열역학 제2법칙. 고립계에서 총 엔트로피의 변화는 항상 증가하거나 일정하며 절대로 감소하지 않는다는 것이 핵심이다.

** 희랍어 'chaos'를 차용한 비평형 열역학적 개념. 초기 조건에 극히 민감한 결과를 갖는 시스템을 말한다. 에드워드 로렌츠Edward Lorenz라는 기상학자가 미분방정식을 풀던 중 작은 오류를 범했는데 전혀 엉뚱한 기상 예측 결과가 나왔다. 이처럼 카오스 시스템에서 초기 조건이 미세하게 달라졌을 뿐인데 결과에서 엄청난 차이를 가져오는 것을 다른 말로 '나비 효과'라고 부른다.

*** 엔트로피가 흩어지는 구조라는 뜻에서 '소산구조'라고 부른다.

"그럼 엔트로피가 줄어드는 것처럼 보인다고 하는 것은…… 어질러진 방이 정돈된 방처럼 변할 수 있다, 그 말씀인가요?"

상우가 만면에 미소를 띤 채 인재를 보며 대답했다.

"네, 맞습니다. 소산구조를 다른 말로 하면 '질서의 구조'라고 할 수 있습니다. 무질서한 카오스 상태에서 질서의 상태가 출현할 수 있다는 것이 핵심입니다."

"소산구조라…… 처음 들어 보는 말인데 상당히 긍정적인 느낌이네요. 질서와 안정, 잘 정돈된 상태가 연상돼요. 일반적으로 말하는 혼돈이나 혼란과는 정반대의 의미군요."

지혁이 차분하게 자신의 느낌을 설명하자 서윤이 활짝 웃으며 두 손을 마주 모았다.

"다들 설명도 잘하시고 이해도 잘하셔서 저도 모르게 박수를 칠 뻔했네요."

만면에 화사한 미소를 머금은 채 서윤이 입을 열었다.

"소산구조 이론은 우리에게 새로운 방향을 제시해 주고 있어요. 어떻게 변할지 모르는 카오스적 불안을 신호로 삼아 나아가다 보면 '더 나은 나'가 될 수 있다는 일종의 비전vision을 보여주죠. 여기서 '더 나은 나'가 바로 소산구조

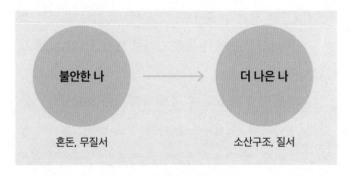

우리가 불안을 신호로 삼아 나아가면 더 나은 나가 될 수 있다. 이는 무질서 상태에서 질서의 상태, 즉 소산구조가 되는 과정과 비슷하다.

가 되는 셈이에요. 즉 질서의 상태가 되는 거죠."

이때 상우가 밝은 표정으로 답했다.

"아하, 그러니까 불안을 통해 소산구조에 이르는 것을 게임 용어로 바꾸자면 '레벨업'이 되는 셈이네요. 말만 들어도 기분이 좋아지는데요?"

소산구조 이론은 우리에게 새로운 방향을 제시해 주고 있어요. 어떻게 변할지 모르는 카오스적 불안을 신호로 삼아 나아가다 보면 '더 나은 나'가 될 수 있다는 일종의 비전vision을 보여주죠.

혼돈으로부터의 질서

기존의 물리학자들이 주장하는 열역학 제2법칙에 따르면 우리가 상상할 수 있는 가장 큰 고립계인 우주에서는 엔트로피가 계속 증가하게 된다. 이 이론에 따르면 우리가 살고 있는 우주는 결국 모든 유용한 에너지를 소진해 버리는 '열적 죽음heat death'의 상태를 향해 무거운 행진을 하고 있는 셈이다.

그런데 이 법칙은 생명의 탄생이나 진화와 같은 중요한 생물학적 현상을 설명하지 못한다. 생명이란 평형에서 멀리 떨어진 상태이지만 고도로 안정되고 정돈된 상태, 즉 질서의 비평형 상태이다. 만약 평형 열역학 이론대로 엔트로피가 증가하기만 한다면 자연 상태에서는 생명이 출현하는 일이 절대로 일어날 수 없다.

이에 대해 일리야 프리고진은 자신의 저서 『혼돈으로부터의 질서』 등을 통해 이렇게 반박했다. 물질과 에너지의 출입이 가능한 열린계open system가 평형으로부터 멀리 떨어진 비평형 상태에 있으면 미시적 요동을 통해서 주변의 에너지를 흡수하면서 거시적으로 안정된 구조를 형성할 수 있다. 이 때의 안정된 구조는 엔트로피를 주위로 흩어지게 하면서 형성된다는 의미로 '소산구조'라고 부르고 그 과정을 '자기조직화self-organization'라고 일컫는다.

프리고진이 주장한 소산구조 개념은 생명체의 출현 가능성을 열역학적으로 설명할 수 있는 가장 유력한 단서 중 하나로 여겨지고 있다. 또한 이 이론은 우리가 살고 있는 우주가 일반적으로 열적 죽음의 상태로 나아가는 것이 아니라 끊임없이 소산구조를 만들어 내면서 더욱 복잡하게 계속 진화하고 있다는 긍정적인 희망을 제시하기도 한다.

36

나선형 성장

✦

인재가 흥미로운 표정으로 상우를 바라보며 물었다.

"문과인 저도 이런 설명이 너무 재미있는데요? 그런데 소산구조는 어떻게 이루어지는 건가요?"

인재의 질문에 상우가 잠시 턱을 만지작거린 뒤 입을 열었다.

"그 부분이 흥미로운 지점인데요. 어떤 임계점을 지나면 엔트로피가 흩어지면서 저절로 안정된 구조로 변하게 됩니다."*

재연이 희망찬 눈빛으로 서윤을 바라보며 물었다.

"우와, 저절로요? 그럼 저희가 '더 나은 나'가 되는 과정도 비슷한가요? 허들을 넘는 일이 엄청 힘들 거라고 생각했거든요."

서윤이 안심하라는 듯 고개를 끄덕이고는 대답했다.

"네, 통하는 부분이 있어요. 이 과정은 나선형 성장 모형으로 설명할 수 있는데요. 나선형 성장 모형을 따라가다 보면 언뜻 보기에는 제자리에서 맴도는 것 같지만 어느 순간 이전보다 한 단계 위로 올라서 있게 되죠. 세상의 역사가 나선형으로 발전한다고 했던 토인비**의 말처럼 우리의 역사도 그렇게 발전하는 거예요."

서윤은 입가에 미소를 띤 채 설명을 이어갔다.

"그리고 이렇게 나선형으로 상승 곡선을 그리다 보면 우리는 점점 더 자기 자신으로 살아가게 돼요. 내 삶에 대한 자긍심이 차곡차곡 쌓이면서 자연스럽게 자존감도 올라가게 되고요. 그 결과 타인과의 비교에서도 점점 자유로워지죠. 내 운명 안에는 나만을 위한 행운이 준비되어 있음을 깨닫게 되기 때문이에요."

---

* 이렇게 보강적 되먹임positive feedback을 통해 스스로 새로운 질서를 만들어 내며 조직화되는 것을 '자기조직화self-organization'라고 한다.
** 영국의 역사학자 아놀드 토인비Arnold Toynbee. 대표적인 저서로 『역사의 연구』가 있다.

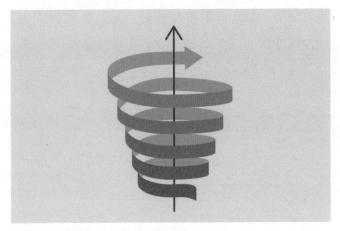

점점 더 위로 올라가는 나선형 성장 모형처럼 우리도 이 같은 과정을 거쳐 '더 나은 나'가 될 수 있다.

가만히 듣고 있던 호정의 마음이 풍선처럼 부풀어 오르는 듯했다.

'상상만 해도 설렌다. 어릴 때 나이 든 사람들을 보며 '왜 저렇게 다들 똑같이 살까.'라고 생각했는데, 어느 순간부터 나도 그렇게 살아온 것 같아. 그런데 계속 상승곡선을 그리며 발전할 수 있다니…… 진짜 그렇게 살고 싶다.'

어쩐지 호정의 가슴이 작게 두근거리기 시작했다.

지혁은 저도 모르게 입가에 미소를 띠고 있었다.

'나선형 상승곡선이라…… 남들은 챗바퀴 돌 듯 제자리

만 빙글빙글 돌고 있을 때 나는 점점 위로 올라갈 수 있다는 말이잖아. 흠, 생각만 해도 기분이 좋은데?'

'더 나은 나'로 나아가는 과정은 나선형 성장 모형으로 설명될 수 있어요. 언뜻 보기에는 제자리에서 맴도는 것 같지만 어느 순간 이전보다 한 단계 위로 올라서 있게 되죠.

불안을 통해 소산구조를 이룬 사람들

1. 스티브 잡스

1985년 스티브 잡스는 애플에서 쫓겨났다. 실적을 악화시켰다는 이유로 이사회가 만장일치로 그의 해고를 결정한 것이다. 이후 잡스는 컴퓨터 회사 넥스트를 창업하고 애니메이션 회사 픽사를 인수한 뒤 '토이 스토리'를 성공적으로 이끌었다. 1997년에는 애플에 화려하게 복귀해 아이팟, 아이폰, 아이패드를 연속으로 출시한다.

복귀 후 잡스는 좌충우돌하던 이전과는 달라진 모습을 보였다. 그는 재취임 연설에서 "우리는 다르게 생각할 것이고 우리 제품을 구입해 온 사람들을 위해 봉사할 것입니다."라며 '우리'를 강조했다. 10년 동안 소송 전쟁을 치른 마이크로소프트와의 관계도

복원했고 탄탄한 경영팀을 구성해 자신의 까다로운 성격을 보완했다.

잡스의 인생을 지켜본 사람들은 그가 애플에서 쫓겨난 시기, 황야에서 깨달은 것 덕분에 이런 변화가 가능했다고 입을 모은다. 픽사에서 함께 일한 에드 캣멀 사장은 "잡스가 애플에서 쫓겨나 있는 동안 세상을 바라보는 그의 관점이 극적으로 바뀌었다. 특히 1995년 토이스토리로 큰 성공을 거두었을 때 그는 젊었을 때와 완전히 다른 사람이었다. 이후 잡스와 함께한 사람은 그가 세상을 떠날 때까지 함께했다."라고 말했다.

그와 함께 일한 케빈 컴톤 또한 뉴욕타임스와의 인터뷰에서 "넥스트에서의 경험을 통해 스티브는 자신이 모든 것을 다할 수 없다는 것을 배웠다."라며 "최고를 추구하는 열정에 있어서는 예전과 변함없는 스티브였다. 하지만 자신의 비전을 실현하기 위해 큰 조직을 움직이는 법을 깨달은 점에서는 새로운 스티브이기도 하다."라고 말했다.

애플에서 쫓겨났던 기간 동안 잡스는 불안을 통해 '더 나은 나'로 거듭나며 자신만의 소산구조를 이룬 셈이다.

2. 시몬 바일스

"아…… 바일스가 이렇게 경기하는 것은 본 적이 없습니다."

2021년 도쿄 올림픽에 출전한 미국 체조계의 '살아있는 전설' 시몬 바일스Simone Biles가 여자 체조 단체전의 첫 종목인 도마 경기를 마치고 내려왔을 때 방송 중계진은 탄식을 내뱉었다. 도마 경기의 점수는 13.766. 늘 최고 난도의 기술만 선보이던 그녀에게는 낯설 정도로 낮은 점수였다. 이날 바일스는 단체전 연기를 펼치던 도중 기권을 선언한 뒤 경기장을 떠났고 이어지는 개인종합 경기도 포기했다.

사실 바일스는 지속적인 압박감과 불안감에 시달려왔다. 도쿄 올림픽에서 기권한 전날까지도 그녀는 자신의 인스타그램에 이렇게 속마음을 토로했다.

"가끔은 정말로 내 어깨에 온 세상의 짐을 지고 있는 것처럼 느껴져…… 제길, 때로는 나도 힘들다고. 올림픽은 진짜 장난이 아니거든, 하하."

올림픽 이후 그녀는 방 한쪽 구석에 있는 벽장에 유니폼, 국가대표 배지 같은 물건들을 잔뜩 넣어두고 그 안에 들어가 하염없이 울곤 했다. 자신에게 왜 이런 일이 일어났는지 묻고 또 물었지만 쉽게 답을 찾을 수는 없었다.

하지만 바일스는 불안에 굴복하지 않았다. 그녀는 매주 심리상담을 받으며 자신의 감정을 다루는 방법을 배웠고, 경기장에 나가 조금씩 연습량을 늘려가며 스스로를 다독였다. 그리고 2024년

파리 올림픽에서 바일스는 한층 성숙해진 모습으로 나타났다.

올림픽에서 바일스는 언제 슬럼프를 겪었냐는 듯 예전의 기량을 선보이며 3개의 금메달과 1개의 은메달을 따냈다. 물론 전 종목에서 목표를 이룬 것은 아니었다. 하지만 그녀는 웃음과 여유를 잃지 않았다. 그리고 바일스는 다음과 같이 담담하게 말했다.

"수년간 멘탈을 다스리는 방법을 배웠고 지금 그 효과가 나타나고 있다. 올림픽 시상대에 다시 설 수 있어 무척 기쁘다."

37

눈 결정체

✦

서윤이 참석자들 한 명 한 명과 눈을 맞추며 말했다.

"우리가 살아가다 보면 '내 인생에서 왜 이런 일이 생겼지.'라고 느끼는 일을 겪게 되곤 하죠. 아픔이나 상처가 되었던 사건일 수도 있고, 혹은 큰 실패로 남은 경험일 수도 있고요."

사람들이 각자 기억을 떠올리며 잠시 생각에 잠겼다.

"나선형 성장을 이룬다는 관점에서 본다면 그 일은 성장 과정의 한 부분으로 볼 수 있어요. 이것을 깨달으면 왜 그런 일을 겪게 되었는지 조금 더 이해할 수 있게 되고, 한발 더 나아가 그 사건에서 얻은 교훈을 다음 운에서 활용할 수도 있게 되요."

서윤의 말은 물 흐르듯 이어졌다.

"물론 그렇다고 해서 상처가 완전히 아문다거나 아픔이 느껴지지 않을 수는 없겠죠. 하지만 그 사건을 내 삶의 한 부분으로 받아들일 수 있게 되고 동시에 나의 인생이라는 멋진 퍼즐이 완성되기 위해 필요한 조각이었음을 이해할 수 있게 될 거예요."

"아, 말씀만으로도 벌써 치유받는 느낌이에요."

호정이 편안한 표정으로 대답했다. 그때 산이 뭔가 생각 났다는 듯 입을 열었다.

"말씀을 들으니 제가 좋아하는 영화 '슬럼독 밀리어네어Slumdog Millionaire, 2008'가 떠오릅니다. 주인공이 거액의 상금이 걸린 퀴즈쇼에 참석해 문제를 풀어 나가며 과거를 회상하는 이야기인데요. 빈곤과 폭력에 시달렸던, 과거에 겪었던 불행한 사건들이 오히려 약이 되어 주인공이 퀴즈를 맞힐 수 있도록 실마리를 제공하죠. 그 덕분에 주인공은 퀴즈쇼의 최종 우승자가 되어 엄청난 상금을 받게 되고요."

서윤이 산에게로 시선을 옮기고는 부드러운 미소를 지으며 화답했다.

사람들이 자기만의 소산구조를 이루게 되면 눈 결정체처럼 각자 다른 모습으로 아름답게 변화한다.

"저도 그 영화를 좋아하는데 잘 말씀해 주셨어요."

입가에 미소를 머금은 채 서윤은 따뜻한 어조로 말을 이어갔다.

"공기 중의 수증기가 눈이 될 때 각기 다른 모양으로 눈 결정체를 이루듯 사람들이 자기만의 소산구조를 이루면 각자 다른 모습으로 아름다워지기 마련이에요. 사람에 따라 기존에 갖고 있던 관념이 변하거나 혹은 강화될 수 있고요. 최종적으로는 '아, 내가 이런 사람이었구나.' 하고 자아에 대한 새로운 시각이 생겨 날 수도 있어요. 그리고 새로운 시각은 세상을 보는 눈을 달라지게 하죠."

재연이 두 손을 마주치며 말했다.

"아, 3층에서 보이는 경치와 10층에서 보이는 풍경이 다르듯 위로 올라가게 되면 세상을 보는 시각도 업그레이드 되는 거군요!"

지혁도 기분 좋은 듯 거들었다.

"저는 기존의 관념이 오히려 강화될 수 있다는 부분이 와닿습니다. 제가 갖고 있는 생각이나 관점을 무조건 바꾸지 않아도 된다는 말 아닙니까. 한결 마음이 편해집니다."

공기 중의 수증기가 눈이 될 때 각기 다른 모양으로 눈 결정체를 이루듯 사람들이 자기만의 소산구조를 이루게 되면 각자 다른 모습으로 아름다워지기 마련이에요.

38

내 안의 강점이 꽃처럼 피어나고

✳

"**한** 가지만 더 덧붙이자면 이렇게 나선형 성장을 이루면서 자신의 장점이나 능력, 또는 타인에게 주는 인상 등이 함께 발전하는 경우가 많아요. 이때 계발되는 강점이나 능력들은 각자의 운을 활용하는 데 있어 핵심적인 역할을 하게 되죠. 나선형 성장을 통해 점점 더 나다운 모습이 되기 때문에 자신 안의 긍정적인 능력들이 자연스럽게 개화開花되는 셈이에요."

사람들이 서윤의 목소리에 빠져들고 있었다.

"또한 이 과정을 통해 드러나는 강점은 기존에 자신이 알던 장점과 전혀 다를 때가 많아요. 때에 따라서는 '단점인가?' 싶었던 것이 강점이 되는 경우도 있고요."

서윤이 반짝이는 눈빛으로 말했다.

"중요한 것은 나선형 성장을 이루며 '더 나은 나'가 된다고 지금과는 전혀 다른 사람으로 변하는 것이 아니라는 거예요. 오히려 진짜 나다운 모습에 가까워지게 되죠."

저도 모르게 턱을 괸 채 경청하던 재연이 마침 생각났다는 듯 말했다.

"전자공학을 전공한 동창 한 명이 생각나요. 지금 대기업에서 일하고 있는데 진로 고민을 많이 했었어요. 요즘은 스페셜리스트가 살아남는 시대인데 자기도 박사학위를 따서 전문성을 키워야 하는 거 아니냐면서요. 결국 본인은 넓게 아는 쪽을 택하겠다며 전략, 인사, 총무 부서 일을 골고루 배우더라고요."

사람들의 시선이 흥미로운 듯 재연에게로 향했다.

"지금은 경영관리 임원으로 승승장구하고 있어요. 소문을 들어보니 CEO 코스를 밟고 있다는 말도 있고요. 그 친구 말로는 두루두루 넓게 아는 것이 강점이 될 줄은 미처 몰랐다네요."

재연의 말을 들은 서윤이 부드럽게 화답했다.

"네. 그리고 이 과정에서 강화되는 장점 역시 내가 원래 가지고 있던 나의 일부분이라는 거예요. 제가 존경하는 미켈란젤로가 '조각 작품은 내가 작업을 하기 전에 이미 대리석 안에 만들어져 있다. 나는 다만 그 주변의 돌을 제거할 뿐이다.'라는 말을 남겼는데요. 이 말처럼 여러분도 지금 자신 안에 숨어 있는 조각상을 발견하는 과정에 있다는 점을 기억하셨으면 해요."

모임이 끝나 갈 무렵, 사람들이 각자의 소회를 나누기 시작했다.

"저는 그 동안 슬럼프를 겪고 있다고 생각하고 있었어요. 그런데 관점을 바꿔서 제가 지금 소산구조를 이뤄가고 있다고 생각하니 힘이 납니다. 세상이 달라 보여요."

산의 고백을 들은 호정 또한 편안한 표정으로 입을 열었다.

"저는 장점이 강화될 수 있다는 부분이 좋았습니다. 늘 다른 사람을 우선순위에 두다 보니 어느 순간부터 제 장점이 무엇인지 잘 모르겠더라고요. 그런데 온전히 제 자신에게 집중할 수 있는 기회가 생긴 것 같아 감사하게 생각해요."

말을 마친 호정의 얼굴은 발그레하게 상기돼 있었다.

마지막으로 지혁이 힘 있게 말했다.

"남들은 다 돈이나 지위와 같은 것을 목표로 달리고 있지만 진정한 승자는 나다운 인생을 사는 사람이 아닐까 하는 생각이 듭니다. 그리고 보니 존경하는 선배님 몇 분이 해 주신 말씀이 떠오르네요. 인생은 자기 자신으로 살아갈 때 가장 의미 있다고 하신 말씀이요."

서윤 또한 환한 웃음으로 화답하며 모임을 마무리했다.

"오늘 쉽지 않은 내용이었는데, 기대 이상으로 잘 따라와 주셔서 너무 감사드려요. 다들 정말 훌륭하세요."

나선형 성장을 이루면서 자신의 장점이나 능력, 또는 타인에게 주는 인상 등이 함께 발전하는 경우가 많아요. 이때 강점이란 각자의 운을 활용하는 데 있어 가장 핵심이 되는 부분을 말하죠.

꽃들에게 희망을

1972년에 출간된 동화 『꽃들에게 희망을Hope for the flowers』은 50년 동안 전 세계에서 수백만 부가 팔리며 많은 사람들에게 영감을 주고 있다. 책 속에서 애벌레들이 나비로 거듭나는 과정은 우리가 불안을 통해 소산구조를 이루어가는 모습과 닮아 있다. 이야기의 줄거리는 다음과 같다.

'삶에는 그냥 먹고 자라는 것 이상의 무언가가 있지 않을까?'

알에서 깨어난 줄무늬 애벌레는 이 같은 의문을 품고 답을 찾기 위해 세상으로 나간다. 여기저기 돌아다니던 줄무늬 애벌레는 하늘을 향해 솟아 있는 거대한 애벌레 기둥을 발견한다. 그 꼭대기에 무엇이 있는지 알 수는 없었으나 다른 애벌레들의 행렬에 휩쓸려 위로 올라가기 시작했다. 목적도 없이 한참을 오르던 줄무늬 애벌레는 기둥 중턱에서 노랑 애벌레를 만난다. 그는 줄무늬 애벌레에게 이렇게 말한다.

"너를 만나기 전까지만 해도 나는 저 위에 무언가가 있을 것이라고 생각했고 그래서 이 삶을 참아낼 수 있었어. 그런데 너를 만난 뒤부터는 그런 희망이 떠나가 버렸어…… 지금 내가 하고 싶은 일은 너와 함께 기어다니거나 풀을 먹는 평범한 일이야."

노랑 애벌레와 줄무늬 애벌레는 지상으로 내려와 푸른 풀밭에서 놀며 행복한 시간을 보냈다. 그러나 줄무늬 애벌레에게는 기둥에 오르지 못한 아쉬움이 여전히 남아 있었다.

'삶에는 틀림없이 지금보다 더 특별한 무언가가 있을 거야. 나는 꼭대기에 가서 그 비밀을 밝혀내고 말 테야.'

노랑 애벌레는 줄무늬 애벌레를 사랑했지만 또다시 그 기둥을 오를 수는 없었다. 그렇게 줄무늬 애벌레를 떠나보낸 뒤 노랑 애벌레는 방황하기 시작했고 어느 날 털 뭉치에 묶여 있는 늙은 애벌레를 만나게 된다.

"어떻게 나비가 될 수 있나요?"

"한 마리 애벌레인 상태를 기꺼이 포기할 수 있을 만큼 절실히 날기를 원할 때 가능하단다. 너의 '겉모습'은 죽어 없어질 것이지만 너의 '참모습'은 여전히 살아 있을 거야."

노랑 애벌레는 늙은 애벌레의 말에 귀를 기울였다.

"고치 안에서 변화가 일어나는 동안 너의 눈에는 별다른 변화가 없는 것으로 보이겠지만 그 속에서는 이미 나비가 만들어지고 있는 거란다."

노랑 애벌레는 용기를 내어 자신의 몸에서 실을 뽑아내기 시작했다.

'내가 이런 것을 할 수 있으리라고는 생각도 못 했는데. 내 안에 고치를 만들 수 있는 재료가 있다면 아마 나비가 될 수 있는 자질도 있을 거야.'

한편 다시 기둥을 오르기 시작한 줄무늬 애벌레는 이전보다 더 무자비하게 다른 애벌레를 짓밟으며 위로 올라갔다. 하지만 꼭대기 끝까지 올라가 보니 막상 그 위에는 아무것도 없었다. 그때 허탈감에 빠져 있는 줄무늬 애벌레 주위로 찬란한 노란 날개를 가진 나비 하나가 날아와 맴돌기 시작했다. 노랑 애벌레와 흡사한 눈빛의 나비를 바라보던 줄무늬 애벌레는 순간 무언가를 깨달았다.

"우리는 날 수 있어. 우리는 나비가 될 수 있는 거였어!"

자신 안에도 나비가 있다는 것을 깨닫게 된 줄무늬 애벌레는 서둘러 기둥 아래로 내려갔다. 그러고는 노랑나비가 했던 것처럼 자신의 몸에서 실을 뽑아내기 시작했다.

Part 6

그릇을 키우려면

39

관점을 선택하다

✳

밤늦은 시간까지 집중해서 일하던 재연이 휴대폰 진동 소리에 놀라 시계를 봤다. 이미 주위에는 어둠이 내려앉아 있었다. 놀란 그녀가 어리둥절해하며 주변을 두리번거렸다.

'벌써 밤 11시잖아. 몇 시간을 일한 거야? 이렇게 달려본 게 얼마만인지…… 대학원 이후 처음인 것 같은데.'

재연은 두 팔을 들고 힘껏 기지개를 켰다. AI와 관련된 파일럿 프로젝트를 맡은 그녀는 요즘 한참 업무에 몰두하고 있었다.

'이 프로젝트는 완전히 내가 하드캐리 하고 있네. 이렇게

일하니까 진짜 살아 있는 것 같다. 사실 몇 년 동안 내가 좀 느슨해지긴 했었지.'

변화의 단초가 된 것은 몇 주 전 그녀의 마음속에서 갑자기 일어난 불안이었다. 점심식사 후 잠시 커피 타임을 가지던 중 고등학교 동창인 선호가 재연에게 슬금슬금 다가오더니 조용히 말했다.

"재연아, 이혜리 상무가 요즘 너를 대놓고 까더라. 네가 일했던 실리콘밸리 회사들하고 비교했을 때 우리 회사 조직 문화가 후졌다고 했다며?"

"뭐? 이혜리가? 진짜 황당하다."

"가뜩이나 중국으로 빠져나가는 인력 때문에 분위기가 어수선한데 너 때문에 과장급 직원들이 더 들썩인다고 소문내고 다니더라. 네가 지금 중국 쪽이랑 협업하는 것도 의심스럽다고 하는 모양이야. 그쪽 회사에 네 동창이 있다며."

"무슨 말도 안 되는 소리야. 하도 꼬치꼬치 물어봐서 그냥 실리콘밸리랑은 분위기가 좀 다르다고 한 것뿐인데……."

재연이 기가 막힌다는 표정으로 대구했다. 그러자 선호는 알 만하다는 듯 피식 웃고는 말했다.

"그래, 그럴 줄 알았다. 과학고 시절부터 이혜리가 너를 엄청 견제했잖아. 근데 너도 신경 좀 쓰는 게 좋겠어. 이혜리가 부사장들한테 얼마나 잘하는 줄 아냐? 걔가 아랫사람들 성과를 다 가로채고 거짓말을 밥 먹듯이 하는 거 윗사람들은 전혀 모른다니까……."

선호가 질린다는 듯 고개를 설레설레 저었다. 재연은 한숨을 쉬며 말했다.

"고등학교 때는 그렇다 치고, 지금은 맡은 일도 다른데 걔는 왜 나한테만 그런다니?"

"뻔하지, 뭐. 너랑 콘셉트가 여러 가지로 겹치잖아. 현실적으로 대기업에서 여성 고위 임원이 많이 나올 수 있는 것도 아니고……."

신경 쓰지 않으려고 해도 재연의 마음속에서는 불안이 스멀스멀 올라오기 시작했다.

선호가 돌아가고 나서도 재연은 영 마음이 좋지 않았다. 자꾸만 그가 했던 말이 귓가에 맴돌았다.

'이러다 중국으로 빠져나가는 인력이라도 생기면 괜히 내가 독박 쓰는 거 아냐? 업계에 이상한 소문이라도 나면 내 커리어는 끝장인데…….'

재연의 손에 들려 있던 종이컵이 와그작, 소리를 내며

구겨졌다.

'나한테 남편이나 자식이 있는 것도 아니고, 어머니 병원비도 계속 들어가는데…… 그냥 확 미국으로 도망쳐 버릴까?'

여기까지 생각하니 갑자기 눈앞에 탈출구가 열리는 것 같았다. 재연은 내친김에 헤드헌터들에게 이메일을 쓰려고 얼른 노트북을 열었다. 그때였다. 모임에서 들었던 서윤의 말이 떠올랐다.

'아, 맞다. 이거 혹시 은총알 아니야? 이직하면 만사가 다 풀릴 것처럼 생각하는 거잖아. 나 같은 A 유형들은 그걸 조심하라고 했는데…….'

재연은 자세를 바로 하고 곰곰이 생각해 보았다.

'이렇게 혼란스러운 시기에는 어떤 관점을 택하느냐가 중요하다고 했지. 그래, A 유형답게 이 문제를 정면 돌파해야 해.'

순간 재연의 눈앞에서 나선형으로 성장하는 자신의 모습이 그려졌다. 동시에 머릿속이 맑게 개며 온몸에서 불꽃이 화르륵 올라오는 것 같은 느낌도 들었다.

'지금 내가 하는 이 프로젝트를 반드시 성공시키겠어. 그리고 이혜리는…… 가만히 둘 수는 없지. 나도 대응 방

법을 찾아야겠네.'

탁.

재연의 노트북 뚜껑이 미련 없이 닫혔다.

40

봄이 오는 길목에서

✳

모임이 시작되고 참석자들은 간단한 인사를 나누었다. 늘 그랬듯 서윤은 부드러운 미소를 띤 채 나타나 자리에 앉았다. 서윤을 보자 인재가 가장 먼저 입을 열었다.

"저는 B 유형 같습니다. 사실 모임에 나오기 전까지는 불안이 심해지면 스케줄을 다 취소하고 집안에 틀어박혀 있었거든요. 사실 그러다 보면 오히려 더 불안해진 적도 많았습니다."

사람들도 관심이 가는 듯 인재의 말에 귀를 기울였다.

"요즘은 루틴대로 일상을 꾸려가는 것을 최우선으로 삼고 있습니다. 정해진 시간에 운동도 하고 공부도 하며 순간순간을 충실하게 살려고 노력하는 중이에요. 그런데 어제는 자기 전에 문득 이런 생각이 들었습니다. '어? 오늘은 심하게 불안한 적이 없었는데?' 음…… 제가 지금 제대로 하고 있는 걸까요?"

듣고 있던 상우가 크게 공감 간다는 표정을 지으며 말했다.

"제가 어제 한 생각과 같아서 좀 놀랐습니다. 지금 신작 게임을 개발하고 있는데 솔직히 하루가 멀다 하고 불안이 불쑥불쑥 올라오거든요. 그래서 A 유형의 방식대로 저에게 맞는 '불안 매뉴얼'을 만들어 봤습니다."

참석자들이 궁금하다는 표정을 지으며 상우에게로 시선을 돌렸다.

"불안이 확 올라오면 먼저 고개를 좌우로 세차게 흔들고요. '불안은 신호다. 더 달려 나가면 된다.'라고 혼자 되뇝니다. 그러고는 모니터 앞에 바싹 다가앉아 다 부숴 버리겠다는 마음으로 일에 달려들죠."

같은 A 유형인 재연이 동감한다는 듯 적극적으로 고개를 끄덕였다. 그 반응에 힘입어 상우가 계속해서 말을 이어갔다.

"몇 번 해 보니까 상당히 괜찮았습니다. 특히 이런 경험이 쌓이니 불안이 예전만큼 두렵지 않습니다. 감정에 압도

당하는 일이 줄었으니까요."

재연과 상우의 경험담을 들은 서윤이 햇살 같은 미소를 보이며 말했다.

"두 분 다 칭찬해 드리고 싶은데요? 자신에게 맞는 방식으로 잘 나아가고 계세요."

서윤의 칭찬을 들은 인재와 상우가 으쓱하는 표정을 지었다.

"AB 전략을 실행하는 초기에는 불안도 그렇게 점진적으로 사라지는 것이 맞아요. 이런 시기에는 불안이 금방 없어질 거라고 기대하거나 갑자기 급반전되어 커다란 행운이 찾아오기를 바라는 마음은 오히려 위험해요."

서윤의 말을 이해한 듯 고개를 끄덕이는 사람도 있고, 뜨끔하는 표정을 짓는 사람도 있었다.

"이럴 때 과한 기대에 사로잡히게 되면 반대급부로 불안은 더 커지게 마련이에요. 미는 힘이 셀수록 반대 방향으로 마찰력이 증가하는 것과 마찬가지죠. 겨울이 끝나 가고 봄이 오는 길목을 떠올려 보세요. 한동안 얼음도 남아 있고 꽃샘추위도 찾아오잖아요. 마찬가지로 불안을 다스리는 데도 어느 정도 시간이 필요해요."

서윤이 자세히 설명하자 참석자들 모두 이해된다는 듯

고개를 끄덕였다.

"AB 전략을 실행하면서 잘 나가다가도 어느 순간 갑자기 불안이 몰려올 수 있어요. 그럴 때 '내가 뭘 잘못하고 있나.' 하는 생각이 들어도 걱정하지 마세요. '아, 이건 꽃샘추위구나. 나는 지금 봄을 향해 가고 있구나.' 하고 넘어가시면 그만이에요. 그것 역시 자연스러운 과정일 뿐이고요."

서윤의 말을 들은 호정은 저도 모르게 한숨을 내쉬며 속으로 생각했다.

'이제야 마음이 좀 놓인다. 어제 불안이 확 올라와서 나도 많이 당황하긴 했지. 지금 제대로 하고 있는 건 맞는지 별의별 걱정이 다 들었는데…… 그냥 자연스러운 과정이라고 생각하니까 안심이 되네.'

AB 전략을 실행하면서 잘 나가다가도 어느 순간 갑자기 불안이 몰려올 수 있어요. 그럴 때 '아, 이건 꽃샘추위구나. 나는 지금 봄을 향해 가고 있구나.' 하고 넘어가시면 그만이에요. 그것 역시 자연스러운 과정일 뿐이고요.

41

운의 그릇

✳

서윤은 잠시 사람들을 둘러보고는 자상하게 미소 지으며 말했다.

"자신에게 주어진 운의 그릇을 채워 간다는 것은 나에게 행운을 달라고 운명에 기대는 것과는 달라요. 그런 자세는 운명에 있어 자신의 영향력을 무시하는 것과 마찬가지예요."

사람들은 진지한 표정으로 서윤의 이야기에 귀를 기울였다.

"운이란 것은 하나의 가능태可能態예요. 그 가능태를 우리가 붙잡으면 그것이 눈앞의 현실로 나타나죠. 중요한 것은 그 가능태가 드러나는 과정에서 우리와 환경의 상호작용이 이루어진다는 거예요. 그렇다면 우리가 보다 주체적으로 행동할 때 제대로 된 시너지 효과가 발생하겠죠."

서윤이 여느 때처럼 차분하게 말을 이어갔다.

"반대로 운명과 맞서 싸우겠다는 자세도 취할 수 있어요. 그런데 이것은 운명이 나에게 불리한 방향으로 구성되어 있다는 전제를 깔고 들어가는 셈이에요. 무슨 일이 생길 때마다 '운은 나를 도와주지 않는다.'라는 믿음을 확인하는 거죠. 그렇게 되면 운을 활용하는 데 불리할 뿐 아니라 어느 순간 지쳐 버린 자신을 발견하게 될 거예요."

지혁은 입매를 단단히 한 채 두 손을 맞잡았다.

'듣고 보니 내가 지방으로 발령받을 때 비슷한 생각을 했던 것 같네. '그럼 그렇지. 운이 언제 내 편이었던 적이 있었어?'라며 투지를 불태웠는데…… 지금 이야기를 듣고 보니 운을 활용하는 데에는 전혀 유리할 것이 없는 자세였군.'

지혁이 문득 생각난 듯 손을 들며 말했다.

"작가님, 방금 그릇에 대해 말씀하셔서요. 예전부터 그릇을 키우는 방법에 대해 궁금했는데 더 들을 수 있을까요?"

"그럼요, 아주 좋은 질문을 해 주셨어요."

서윤이 싱긋 미소를 지으며 답했다.

"먼저 말씀드리고 싶은 것은 그릇을 키우기에 앞서 그릇을 채우는 것부터 선행되어야 한다는 거예요."

그 말을 들은 재연이 손가락을 튕겼다.

"아, 채워야 할 것들이 아직 남아 있는데 그릇부터 키우겠다고 나서는 것은 선후 관계가 틀린 거였네요."

재연의 말에 서윤이 화답했다.

"맞아요. 보통 그릇을 채워 가는 과정을 거치며 스스로에 대해 더 잘 알게 되는데요. 이런 깨달음이 나중에 그릇을 키울 때 유용하게 쓰이기 마련이죠."

사람들은 숨소리도 내지 않고 서윤의 이야기에 귀를 기울였다. 서윤은 사람들의 시선을 느끼며 본격적으로 설명을 시작했다.

"사례들을 살펴봤을 때 그릇을 키우는 데 유리한 자질들이 있는 것은 사실이에요. 그게 무엇인지 구체적으로 말씀드리기에 앞서 이런 자질들을 모두 갖춰야만 하는 것은 아니라는 점을 먼저 알려 드리고 싶어요. 뛰어난 자질 하나만 있어도 다른 부족한 부분을 어느 정도 보완할 수 있거든요."

멤버 모두 흥미로운 눈빛으로 서윤의 말에 집중하고 있었다.

"참고로 자질이라고 하니까 타고나는 것만 해당된다고 생각하실 수도 있는데요. 어느 정도 후천적인 노력으로 가능한 부분도 있다는 점을 꼭 말씀드리고 싶어요."

'그 말을 들으니 안심이 되네. 내 안의 자질을 찾아서 계발할 수 있다는 말이잖아.'

재연이 이런 생각을 하며 고개를 끄덕이는 사이 호정은 약간 다른 생각을 하고 있었다.

'잘 들어 봐야겠다. 혹시 우리 지우한테 적용할 수 있는 부분이 있으면 내가 독려하고 키워 줘야지.'

그릇을 키우기에 앞서 그릇을 채우는 것부터 선행되어야 해요. 보통 그릇을 채워 가는 과정을 거치며 스스로에 대해 더 잘 알게 되고 이런 깨달음이 나중에 그릇을 키울 때 유용하게 쓰이기 마련이죠.

로열티란 자신이 가지고 있는 귀한 정신적인 자산이에요.

그렇게 귀한 것이니 당연히 귀한 사람에게 주어야겠죠.

그래서 저는 로열티의 대상을 선택할 때 특히 신중하실 것을

당부드려요. 한 발 더 나아가 '신뢰'와 '신앙'은

다르다는 것도 기억하세요.

42

귀인과 로열티

✳

"그릇을 키우는 데 유리한 자질 가운데 가장 먼저 학습 능력이 있어요. 여기서 학습이란 우리가 일반적으로 생각하는 학교 공부를 의미하는 것이 아니에요. 어디까지나 실천적인 배움, 즉 타인에게서 배우는 것과 자신의 삶을 통해 얻을 수 있는 교훈을 찾아 성장하는 것 모두를 아우르는 개념이죠."

서윤의 말을 들은 산이 유쾌한 목소리로 대답했다.

"저희가 지금 배우는 것도 그런 배움 중 하나인 듯합니다."

서윤이 맞다는 의미로 빙그레 웃으며 고개를 끄덕인 뒤

계속 말을 이어갔다.

"그다음으로는 인성과 개방적인 자세가 필요해요. 인성의 중요성은 굳이 말씀드리지 않아도 잘 아실 거예요. 일전에 호정 님께 말씀드린 책임감도 인성의 핵심적인 부분 중 하나죠. 개방적인 자세에 대해서는 조금 있다가 자세히 설명드릴게요."

잔을 들어 커피 한 모금을 마신 서윤이 고개를 들고는 한층 더 또렷한 음성으로 말했다.

"사실 그릇을 키우는 방법 가운데 가장 효율적인 것은 귀인을 통해서예요."

물 흐르는 듯 서윤의 설명이 이어졌다.

"그러려면 귀인을 알아보는 안목과 그 사람에 대한 로열티 loyalty, 이 두 가지가 중요해요. 그중에 로열티에 대해 먼저 설명을 드릴게요. 율곡 이이 선생님의 어록 중에 '군자는 의로움을 근본으로 삼고, 소인은 이로움을 근본으로 삼는다.'라는 말이 있어요. 저는 여기서 말하는 의로움이 제가 말씀드리는 로열티와 통하는 면이 있다고 봐요."

이때 상기된 표정으로 인재가 반응했다.

"제가 삼국지를 열 번도 넘게 읽었는데요. 로열티라고 하니까 제갈량과 조자룡이 떠오릅니다. 남자로 태어나서

한 번쯤 그런 충심忠心을 바칠 사람을 만나는 것이 로망이 기도 합니다만, 막상 현실에서는 그런 대상을 찾기가 어렵 죠."

서윤이 이해한다는 표정으로 고개를 끄덕이고는 답했다.

"사실 귀인을 만나서 잘 풀렸다가 나중에 로열티를 저버 린 사람들도 꽤 있긴 하죠. 그 가운데 어느 정도 성공한 사 람들이 있는 것도 사실이에요. 하지만 보통 끝이 좋지는 않아요."

지혁이 동의한다는 듯한 표정을 지으며 대답했다.

"생각해 보니 몇몇 사례가 떠오르긴 합니다. 말년에 감 옥에 가는 것으로 신문에 사진이 실리는 정치인들이나 퇴 직 후 커리어가 급격한 하락세를 보이는 법조계 선배들이 그런 예가 아닐까요?"

서윤이 살짝 고개를 끄덕인 후 멤버들 한 명 한 명과 눈 을 맞추며 천천히 말을 이어갔다.

"로열티란 자신이 가지고 있는 귀한 정신적인 자산이에 요. 그렇게 가치 있는 것이니 당연히 받을 만한 사람에게 주어야겠죠. 그래서 저는 로열티의 대상을 선택할 때 특히 신중하실 것을 당부드려요. 한 발 더 나아가 '신뢰'와 '신 앙'은 다르다는 것도 기억하셔야 해요."

서윤의 말을 들으며 사람들이 각자 생각에 잠겨 있을 때였다. 다시 인재가 손을 들고 질문을 던졌다.

"작가님, 귀인을 알아보는 것이 중요하다고 하셨는데요. 부끄럽지만 저도 이전까지는 사람 보는 눈이 있다고 자부했습니다. 하지만 투자 사기를 당한 이후 그런 자신감을 완전히 상실했어요. 이제는 새로운 사람을 만나는 것도 두렵고, 기존에 알던 사람은 경계가 됩니다. 하지만 아직 좋은 인연을 만나고 싶다는 마음도 있는데 참고가 될 만한 말씀을 들을 수 있을까요?"

인재의 말에 멤버들이 다들 동감한다는 듯 서윤을 바라봤다. 서윤은 여느 때처럼 포근한 미소를 지으며 따뜻한 목소리로 대답했다.

"네, 충분히 그러실 수 있어요. 귀인을 알아보는 데 있어 유념하셔야 할 부분 먼저 말씀드릴게요. 첫째, 귀인이 되는 기준을 그 사람의 재력이나 사회적 위치, 인맥처럼 외적 조건에만 두지 마세요. 둘째, 같은 사람이라고 하더라도 누구에게나 좋은 인연이 될 수 있는 것이 아니에요. 한 사람에게는 귀인이 될 수 있지만 또 다른 사람에게는 악연이 될 수도 있어요."

손뼉을 치며 재연이 이해된다는 듯 답했다.

"아! 그런 생각들 역시 귀인에 대한 고정관념이었네요.
잘 알겠습니다."

"열매 없는 꽃은 심지 말고不結子花休要種 의리가 없는 친구는 사귀지
마라無義之朋不可交."

　　　　　　　　　　　　　　　　　　　　　　　　—명심보감

> 로열티란 자신이 가지고 있는 귀한 정신적인 자산이에요. 그렇게
> 가치 있는 것이니 당연히 받을 만한 사람에게 주어야겠죠. 그래서
> 저는 로열티의 대상을 선택할 때 특히 신중하실 것을 당부드려요.
> 한 발 더 나아가 '신뢰'와 '신앙'은 다르다는 것도 기억하세요.

나폴레옹의 두 남자

조아킴 뮈라Joachim Murat는 나폴레옹의 군대가 자랑하는 최고의 기병대장이었다. 키 183cm, 곱슬머리의 미남이었던 뮈라가 화려한 군복을 입고 나타나면 상대 진영에선 겁부터 먹기 일쑤였다. 나폴레옹은 그의 공적을 인정해 자신의 여동생과 결혼시켰고 나폴리의 왕으로 임명하기도 했다.

하지만 왕위에 오르자 뮈라는 딴 마음을 품기 시작했다. 자신을 왕으로 만들어준 나폴레옹에게 충성할 생각은 하지 않고, 세력을 확장해 이탈리아의 왕이 되겠다고 마음먹은 것이다. 게다가 나폴레옹이 몰락하는데 결정적인 계기로 작용한 1812년의 러시아 원정에서 뮈라는 경솔한 행동을 한다. 그는 자신의 왕좌가 위험해질 수 있다는 생각에 인솔하던 군대를 내팽개치고 나폴리로 귀국

해 버렸다.

이후 그의 배신 행각은 본격화된다. 대프랑스 동맹군에게 압박을 받은 나폴레옹이 원군을 요청하지만 이를 외면했고, 한발 더 나아가 라이프치히 전투에서는 동맹군을 돕기까지 한다.

하지만 막상 나폴레옹이 몰락하자 뮈라에게도 배신자라는 낙인이 찍히게 된다. 결국 그는 나폴리에서 축출당하고 여기저기 떠돌아다니다가 오스트리아군에게 붙잡혀 총살을 당하며 비참하게 생을 마감하게 된다.

한편, 동시대를 살며 같은 주군을 모셨으나 사뭇 대비되는 삶을 살아간 남자도 있다. 그의 이름은 외젠 드 보아르네Eugène de Beauharnais로 그는 어머니 조제핀이 나폴레옹과 재혼하면서 세기의 영웅과 인연을 맺게 된다.

보아르네는 15살 때부터 양아버지인 나폴레옹과 함께 수많은 전쟁에 출전하며 공적을 쌓았다. 그가 25살이 되었을 때 나폴레옹은 보아르네의 전공戰功을 치하하기 위해 그를 이탈리아의 부왕으로 임명하였고, 바이에른 공주와의 결혼도 주선했다.

나폴레옹은 조제핀과 이혼한 후에도 성실한 인품을 지닌 보아르네를 아꼈다. 심지어 러시아 원정에서 뮈라가 떠나 버리고 난 뒤 뒷수습을 한 사람도 바로 보아르네였다. 그는 양아버지를 돕기 위해 라이프치히 전투에 출전하려고도 했으나 뮈라의 방해로 좌절되고 만다.

전세가 대프랑스 동맹군 쪽으로 기울고 난 뒤 동맹군은 보아르네에게 이탈리아 전체를 줄 테니 나폴레옹을 배신하라고 설득한다. 하지만 보아르네는 항복을 권유하는 장인에게 다음과 같은 편지를 쓴다.

"황제의 별이 지기 시작했다는 점은 부정할 수 없습니다. 하지만 그것은 나폴레옹의 은혜를 입은 자들이 신의를 지켜야 할 이유가 하나 더 늘어난 것에 불과합니다."

나폴레옹이 죽은 후 보아르네는 장인의 영지에서 공작으로 편안하게 여생을 살다가 숨을 거둔다. 일평생 명예와 로열티를 지킨 보아르네 덕분인지 그의 후손들은 이후 유럽과 남미 곳곳으로 흩어져 왕가의 구성원이 된다. 큰 딸은 스웨덴 왕, 큰 아들은 포르투갈의 여왕, 셋째 딸은 브라질 초대 황제와 결혼을 했다. 이 가운데 스웨덴 왕족은 지금까지 보아르네의 핏줄을 잇고 있다.

충신이 되기를 거부한 진정한 충신

"폐하, 저를 '충신忠臣'으로 만들지 마시고 '양신良臣'으로 살게 해 주십시오."

아끼는 신하의 요청을 받은 왕은 의아할 수밖에 없었다.

"그게 무슨 말인가? 그럼 충신과 양신의 차이점은 무엇인가?"

"충신은 자신도 죽고 가족과 가문도 풍비박산이 납니다. 군주도 악인으로 낙인찍혀 나라 역시 멸망합니다. 반면에 양신은 살아서는 편안한 삶을 살고 죽어서도 대대손손 번창합니다. 군주 역시 태평성대를 누리고 나라도 부유해져 종사가 지속될 수 있습니다. 그래서 저는 충신보다 양신이 되고 싶습니다."

당 태종에게 이런 요청을 한 사람은 위징魏徵이었다. 그는 태종의 곁에서 왕이 잘못된 길로 빠지지 않도록 수많은 간언을 한 것으로 유명하다. 태종 또한 사사건건 직언을 쏟아내는 위징의 말이 탐탁지는 않았지만 그의 말을 지혜롭게 받아들여 국가를 탄탄하게 키워갈 수 있었다.

사실 태종과 위징의 첫 인연은 좋지 않았다. 위징은 여러 주군을 전전하다가 태종의 형인 이건성의 책사가 되었다. 왕위를 놓고 형제간의 갈등이 커지자 위징은 자신의 주군에게 왕자인 이세민(후일 태종)을 제거하라고 조언했다. 하지만 우유부단한 이건성은 결정을 내리지 못했고 결국 태종에게 죽임을 당했다.

태종은 그릇이 큰 사람이었다. 위징의 됨됨이를 알아보고 그를 중용하겠다는 결정을 내렸다. 위징 또한 자신을 죽이기는커녕 요직에 발탁한 태종에게 평생 동안 진심으로 충성하겠다고 결심했다.

물론 사사건건 직언을 하는 위징에게도 몇 번의 위기가 찾아왔다. 그의 말에 분노한 당 태종이 "위징을 끌어내어 참하라."고 명했다가 취소한 적도 여러 번이었다. 어느 날은 태종이 황후에게 "기필코 위징을 죽이겠다."며 대노하자 황후가 제례복으로 갈아입고 다음과 같이 말하며 태종의 마음을 돌렸다고 한다.

"임금이 밝으면 신하가 곧다고 했습니다. 위징이 곧은 것을 보니 폐하의 밝음이 드러난 것이라 이렇게 경하드립니다."

태종의 치세는 위징을 비롯한 인재들의 도움으로 후세에 '정관의 치'라고 불릴 정도로 태평성대를 누렸다. 끝까지 충성을 다했던 위징의 삶 또한 자신이 바랐던 대로 마무리되었다. 다른 충신들은 명을 다하지 못하고 사라졌지만 그는 태종의 보살핌 아래 살다가 643년에 평화롭게 숨을 거뒀다. 위징이 죽자 태종은 크게 슬퍼하며 3일 동안 식음을 전폐하고 다음과 같이 말했다고 한다.

"나는 세 개의 거울 중 한 개를 잃었다. 첫째는 의복을 바로 입을 때 사용하는 거울, 둘째는 역사를 통해 배울 수 있는 거울, 마지막은 나의 그릇됨을 비치는 거울, 위징이었다."

43

성공한 사람이라고 항상 귀인은 아니다

✳

서윤은 입가에 미소를 머금은 채 설명을 이어갔다.

"사람과 사람 사이의 관계란 것은 기본적으로 에너지의 교환과 마찬가지예요. 우리가 친구를 만난다고 가정해 볼게요. 잠깐 커피 한 잔을 해도 기운이 나고 힘이 되는 친구가 있는가 하면, 전화 통화만 했는데도 에너지가 다 빠져나간 것처럼 버겁게 느껴지는 친구도 있거든요."

"맞아요. 얼마 전에 오랜만에 병원 회식에 다녀왔는데 옆에 앉은 교수님이 자기 아들이 서울대 갔다고 어찌나 자랑을 하던지…… 열심히 리액션을 해 주긴 했는데 진짜 피곤하더라고요."

호정이 한숨을 내쉬자 재연도 맞장구를 쳤다.

"저도 너무 공감돼요. 저희 회사 직원 중에도 매사에 불평불만만 늘어놓는 '에너지 뱀파이어'*가 있어요. 어쩌다가 점심이라도 같이 먹게 되면 진짜 기 빨리는 느낌이에요."

"맞아요. 대부분 그런 경험이 있으실 거예요. 우리가 흔히 '사람 보는 눈'이라는 표현을 많이 쓰는데 이 사람이 나에게 귀인인지 아닌지를 판단하려면 상대와 내가 어떤 에너지를 주고받는지부터 살펴야 해요."

서윤이 잠시 사람들의 표정을 살핀 후 말을 이어갔다.

"돈이나 명예, 권력을 가졌다고 해서 그 사람이 자신의 귀인이라는 생각은 내려놓는 것이 좋아요. 사실 자신의 에너지는 나눠 주지도 않으면서 타인의 에너지를 흡수하기만 해서 성공한 사람들도 일부 있거든요. 그런 이들과 가까이 했다가는 오히려 자신의 에너지만 빼앗길 수 있죠. 다만 이런 관계 역시 상대적이어서 타인에게 귀인이 된 사람도 나에게는 악연이 될 수도 있어요."

"아, 지금까지 저는 남들이 부러워하는 위치에 있거나 저보다 잘나가는 사람을 만나야 한다고 생각했어요. 그래

---

* 다른 사람에게서 긍정적인 에너지를 빨아들이는 사람을 일컫는 말.

야만 그 사람이 저를 끌어 줄 거라고 기대했는데 크게 오해한 거였네요."

다소 허탈한 듯한 재연의 말에 서윤이 살짝 안타까운 미소를 지으며 답했다.

"네, 그렇게 생각하시기 쉬운데요. 사실 귀인이 되는 사람은 오히려 자신이 운영하는 커피숍에 새로 들어온 아르바이트생일 수도 있어요."

둘러앉은 사람들 중 몇몇의 눈썹이 위로 들렸다. 서윤은 부드럽게 설명을 이어갔다.

"같은 맥락에서 인간관계를 관리하는 간단한 방법 하나를 소개해 드릴게요. 각자 핸드폰 드시고 연락처에 저장된 번호들을 한번 쭉 살펴보세요. 그런 다음 이 친구는 돈이 많은 친구니까, 최근에 좋은 회사로 이직한 친구니까……그런 것들은 고려 사항에 넣지 마시고 자신에게 좋은 에너지를 주지 않는다고 판단되는 사람들을 별도의 그룹에 넣고 관리하는 것을 추천드려요. 이런 사람들과는 당장 인연을 끊지는 못하더라도 어느 정도 거리를 두는 것이 더 좋을 수 있어요."

사람들이 핸드폰을 꺼내 들고 연락처를 스크롤해 보고 있었다. 누군가는 즉시 불필요한 번호를 삭제하기도 했고,

누군가는 잠시 머뭇거리다 끝내 지나가기도 했다. 사람들을 살펴보며 잠시 여운을 둔 서윤이 다시 입을 열었다.

"하나 더 말씀드릴 것은 그릇을 키운다고 해서 반드시 더 행복해지는 것은 아니라는 거예요. 어쩌면 일상적인 행복은 더 줄어든다고도 볼 수 있어요. 사실 상위 0.1%에 올라간 사람들을 보면 일반적으로 말하는 즐거움과 욕망은 어느 정도 포기하거나 멀리하고 살아가는 경우가 많아요."

참석자들은 진지한 표정으로 서윤의 말을 경청하고 있었다.

"어떻게 보면 그릇이 클수록 불만족을 느끼기 쉽다고 볼 여지도 있어요. 똑같이 1리터의 물을 넣는다고 해도 그 사람의 그릇만 10리터라면 여전히 90%를 채우지 못한 셈이니까요. 그리고 그릇을 키우는 데는 어느 정도의 희생이 필요하다는 것도 알아 두셨으면 해요. 대가 없이 주어지는 것은 없다는 자연의 법칙을 거스를 수는 없는 법이죠."

이 사람이 나에게 귀인인지 아닌지를 판단하려면 상대와 내가 어떤 에너지를 주고받는지를 먼저 살펴야 해요.

서로에게 귀인이 된 리드 호프먼과 피터 틸

'실리콘밸리에서 가장 영향력 있는 우정'

비즈니스 인사이더가 링크드인의 창업자인 리드 호프먼Reid Hoffman과 벤처 투자가 피터 틸Peter Thiel의 관계를 가리켜 한 말이다. 스탠포드 대학 2학년에 재학 중일 때 처음 만난 이들은 첫 만남부터 삐걱거렸다고 한다. 민주당 지지자인 호프먼과 공화당을 후원하는 틸의 정치 성향이 전혀 달랐기 때문이다. 호프먼은 이렇게 말했다.

"우리는 문자 그대로 거의 모든 것에 대해 의견이 일치하지 않았습니다. 하지만 공통점이 있었지요. 두 사람 다 진실에 대한 강한 믿음이 있었고, 대안적인 의견을 경청하는 자세 또한 갖고 있었습니다."

1998년, 틸이 온라인 결제 서비스 페이팔을 창업했을 때 그는 호프먼을 이사회의 멤버로 초빙해 왔다. 이후 호프먼은 페이팔에 정식 직원으로 합류해 2002년 이베이에 회사를 매각할 때까지 그곳에서 일했다.

그들이 페이팔에서 일하던 당시 틸은 회사의 대표 이사였던 일론 머스크를 대표직에서 해임시키는 일을 주도했다. 공세에 몰린 머스크가 호프먼에게 CEO 자리를 제안하며 그를 회유하려고 했으나 호프먼은 이를 거절하며 틸에 대한 로열티를 지켰다.

이후 링크드인을 창업한 호프먼은 2004년에는 자신을 찾아온 마크 주커버그를 틸에게 소개해 주기도 했다. 덕분에 틸은 페이스북의 첫 번째 외부 투자자가 될 수 있었고, 이 투자로 2,000배가 넘는 수익을 거둬들이며 총 1조 5000억 원이 넘는 돈을 벌었다.

실리콘밸리의 거물이 된 지금도 두 사람은 끈끈한 우정을 지키고 있다. 한편 호프먼은 최근 언론과의 인터뷰에서 농담처럼 이렇게 말하기도 했다.

"저는 틸이 트럼프를 지지하는 것은 싫어하지만 여전히 기업가적 통찰력을 얻기 위해 그에게 의지하고 있습니다."

44

개방적 자세

*

사람들을 찬찬히 둘러보던 서윤이 살짝 분위기를 바꾸며 다시 입을 열었다.

"그럼 이제 개방적 자세에 대해 말씀드려 볼게요. 사실 개방적 자세는 귀인을 알아보는 데 중요하게 작용할 뿐만 아니라 우리가 소산구조를 이루며 '더 나은 나'로 나아가는 데도 필수적으로 갖춰야 할 요소예요."

"아, 소산구조에도 중요하다고요? 어떤 부분에서 연결되는 건지 짐작이 가지 않습니다만……."

상우가 의외라는 듯 답하자 서윤이 미소를 지어 보였다.

"물리학에서 소산구조를 이루려면 전제되어야 하는 조

건이 있어요. 외부에서 물질과 에너지가 자유롭게 들어올 수 있어야 하거든요.[*] 운의 측면에서도 마찬가지예요. 우리가 불안을 통해 소산구조를 이루려면 외부를 향해 열려 있어야 해요. 즉 개방적인 자세Openness가 필요하다는 말이에요."

지혁이 두 손으로 깍지를 끼며 궁금한 듯 입을 열었다.

"개방적인 자세라고 하시면…… 다른 사람의 의견이나 새로운 지식을 받아들이는, 즉 열려 있는 자세를 말하는 것 같습니다."

서윤이 미소 띤 얼굴로 그를 보며 고개를 끄덕였다.

"네, 맞아요. 지적 호기심이나 상상력과도 연결될 수 있죠. 여러분도 개방적인 자세를 지니셨기에 우리가 지금 이렇게 소통할 수 있는 것이고요."

잠시 말을 멈추고 여운을 두던 서윤이 다시 이야기를 이어갔다.

---

[*] 이렇게 외부에서 에너지와 물질이 자유롭게 들어오고 나갈 수 있는 물리적 계 system를 열린계open system라고 한다. 소산구조의 전제 조건이 바로 열린계이다. 이에 비해 닫힌계closed system는 외부와 에너지를 주고받을 수는 있지만 물질은 주고받지 않는다. 또한 고립계isolated system는 에너지나 물질 모두를 외부와 주고받지 않은 채 고립되어 있는 계다. '엔트로피는 일정하거나 증가하는 방향으로 움직인다.'라고 한 열역학 제2법칙은 이 고립계를 전제로 성립한다.

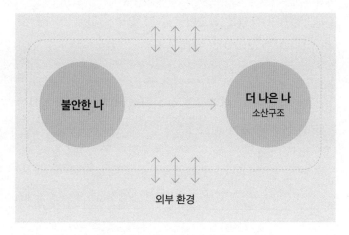

외부에서 에너지가 들어와야 소산구조를 이룰 수 있는 것처럼 우리도 개방적인 자세를 취할 때 불안이라는 혼돈에서 '더 나은 나'로 나아갈 수 있다.

"소크라테스도 '나는 내가 아무것도 모른다는 것을 안다.'라고 하면서 개방적인 자세의 가치를 강조했어요. 역사적으로는 로마가 좋은 사례죠. 에드워드 기번Edward Gibbon[**]을 포함한 여러 학자들은 물론, 『로마인 이야기』에서도 로마가 융성한 요인 중 하나로 개방성을 꼽았죠."[***]

잠시 생각하던 산이 묵직한 저음으로 자신의 생각을 말했다.

[**] 18세기 영국의 역사학자로 『로마제국 쇠망사』를 썼다.

"개방적인 자세를 취한다는 것이 언뜻 듣기에는 쉬운 일 같지만, 꼭 그렇지만도 않은 듯합니다. 저만 해도 늘 똑같은 알고리즘이 추천해 주는 영상만 보고, 특정 미디어의 뉴스만 읽거든요. 개방성을 높이려면 아무래도 의식적인 노력이 필요할 것 같습니다."

••• 시오노 나나미는 『로마인 이야기』에서 "로마는 왜 그토록 번영할 수 있었을까?"란 질문을 던지고 있다. 그녀에 따르면 로마인은 자신과 다른 종교관과 정치체제를 가진 다른 민족이나 공동체에 대해 열려 있었다. 그래서 로마인들은 외부인들도 로마의 시민권을 딸 수 있게 하는 등 이민족에 대해 포용적이고 관용적인 자세를 유지했다. 나나미는 이렇게 말한다. "고대 로마인이 후세에 남긴 진정한 유산은 광대한 제국도 아니고, 2,000년이 지나도록 여전히 서 있는 유적도 아니다. 민족이 다르고 종교가 다르고 인종이 다르고 피부색이 다른 상대를 포용하여 자신에게 동화시켜 버린 그들의 개방성이 아닐까."

> 우리가 소산구조를 이루려면 외부를 향해 열려 있어야 해요. 즉 개방적인 자세Openness가 필요하다는 말이에요.

레이 달리오가 말하는 개방적 사고

투자가 레이 달리오Ray Dalio는 자신의 저서 『원칙Principles』에서 개방적 사고란 다른 사람들이 자신보다 어떤 문제에 대해 더 잘 판단할 수 있다는 것에 대해 열린 마음을 갖는 것이라고 정의했다. 즉 자신과 다른 관점에 대해 효율적으로 탐구하는 능력을 일컫는 것이다.

개방적 사고를 높이기 위해 레이 달리오는 다음과 같은 방법들을 추천하고 있다.

개방적인 사고를 연습하는 방법

1. 당신이 최선의 방법을 알지 못할 수도 있다는 사실을 진심으로 믿어라. 그리고 모르는 것에 잘 대응하는 능력이 당신이 알고 있

는 그 어떤 것보다 더 중요하다는 것을 인정하라.

2. 의사결정은 두 단계라는 것을 이해하라. 우선 모든 관련 정보를 받아들인 다음에 결정하라. 다른 사람들의 의견을 받아들인다고 스스로 결정하는 자유가 위축되는 것은 아니다.

3. 좋은 이미지로 보이기 위해 애쓰지 말고 목표 달성에 대해 걱정하라. 최선의 결정을 내리는 데 관심이 있는 사람들은 자신이 최고의 해법을 가지고 있다고 생각하지 않는다.

4 내 생각을 잘 전달하고 생산적인 활동을 더 잘하고 싶다면 먼저 잘 받아들이고 잘 배워야 한다.

5. 열린 사고란 당신이 믿지 않는 것에 동의하라는 의미가 아니다. 자신이 틀릴 수 있다는 가능성을 받아들이라는 것이다.

6. 당신은 지금 최선의 해법을 찾고 있다는 것을 기억해야 한다. 그리고 반드시 당신의 머릿속에 답이 있을 필요는 없다.

45

누구에게나 개방적일 필요는 없다

✳

서윤이 잠시 생각하는 듯한 표정을 짓더니 짐짓 분위기를 바꾸며 말했다.

"이렇게 설명드려 볼게요. 누구나 자신이 살고 있는 집이 있어요. 물리적으로 사는 집도 있겠지만, 그보다 더 중요한 것은 각자의 머릿속에 있는 집이에요. 그 집은 신념, 가치관, 철학, 고정관념 등을 재료로 삼아 지어져 있죠."

사람들이 고개를 끄덕이며 서윤의 설명을 따라갔다.

"문제는 외부 환경이 변화하면서 집 밖이 카오스 상태가 될 때예요. 이런 시기에는 보통 문을 꼭꼭 걸어 잠그고 집 안에 숨어 버리거든요. 그렇게 되면 집 안의 엔트로피만

높아지게 돼요.* 불안이 더 높아지는 셈이죠."

서윤이 말 한 마디 한 마디에 힘을 주며 설명을 이어갔다.

"불안한 시기에는 열어야 해요. 창문을 열고 환기가 될 수 있게 하는 거죠. 그렇게 해야만 집 안의 엔트로피를 낮출 수 있어요."

여기까지 듣던 상우가 조그맣게 탄성을 내뱉었다.

"이렇게 들으니 운에 대한 설명이 물리학 이론과 딱 맞아 떨어지네요. 신기하고 재미있습니다."

서윤의 말을 들으며 지혁은 스스로를 돌아보고 있었다.

'개방적인 자세라니, 중요한 열쇠를 놓치고 있었네. 검사란 직업상 항상 유죄와 무죄만 판단하려고 하다 보니…… 나도 모르게 항상 내가 옳다고 과신했던 건지도 몰라.'

무의식적으로 몸을 뒤로 젖힌 지혁은 턱을 괴고 생각에 잠겼다.

'혹시 지방으로 좌천된 것도 그런 아집 때문이 아니었을까? 한때는 나를 챙겨 주지 않은 윗사람들을 원망하기도 했고, 동기들을 의심하기도 했는데…… 그것보다는 내 자

---

* 엔트로피가 일정하거나 증가한다는 열역학 제2법칙은 고립계isolated system에서만 성립한다. 고립계에서는 외부의 물질과 에너지의 출입이 불가능하다.

세를 돌아보는 것이 먼저일 것 같다.'

지혁이 자신도 모르게 반성을 하는 사이 서윤의 이야기가 계속 이어졌다.

"한 가지 아셔야 할 것이 있어요. 개방적 자세를 가진다고 해서 무조건 기존의 관점이나 생각을 바꿔야 하는 것은 아니에요. 오히려 추가적인 근거들을 얻으면서 기존의 관념이 강화될 수도 있고 아니면 아주 작은 변화만 경험하실 수도 있어요. 하지만 그걸로 충분해요."

서윤이 당부하듯 말한 뒤 멤버들을 둘러보며 한 마디 더 덧붙였다.

"그 변화가 나비의 날갯짓이 되어 새로운 나를 이루고 다음 운에서 좋은 결과를 가져올** 수 있으니까요."

"아, 그 말씀을 들으니 부담이 덜합니다. 솔직히 저와 180도 다른 관점까지 바로 수용하기는 어려울 것 같았거든요."

지혁이 안심된다는 듯 말하자 서윤이 따뜻하게 미소 지

**   초기 조건의 작은 차이가 전혀 다른 결과로 이어지는 독특한 비선형 현상이다. 1972년 미국의 기상학자 에드워드 로렌즈가 '아마존 밀림에 사는 작은 나비의 날갯짓이 지구 반대편에 있는 북경에서 태풍을 일으키게 된다.'고 설명해서 '나비 효과'라고 알려졌다.

으며 대답했다.

"한발 더 나아가 누구에게나 개방적일 필요는 없다는 것을 기억하셨으면 해요. 물론 새로운 경험이나 지식에 열린 자세를 취하는 것이 개방성의 핵심이지만 어떤 대상을 향해 문을 열 것인지에 대해서는 신중할 필요가 있어요."

서윤은 눈을 빛내며 모두를 향해 말했다.

"참고로 저는 그 대상을 만날 수 있는 좋은 방법 중 하나가 책이라고 생각해요. 우리의 첫 만남도 그랬듯이요."

불안한 시기에는 열어야 해요. 그렇게 해야만 집 안의 엔트로피를 낮추고 소산구조를 이룰 수 있어요.

46

친화성은 낮게

✳

잠시 생각하던 인재가 조심스레 질문을 던졌다.

"작가님, 그럼 개방적인 자세가 운에는 어떤 영향을 주는지 궁금합니다."

"먼저 개방성이 떨어지는 이들의 사례를 들어 볼게요. 어떤 사람이 운이 좋은 시기에 일이 잘 풀렸어요. 그럴 때 '내가 옳아서 잘된 거야.'라는 믿음을 가지게 됐는데 시간이 흘러 어려운 시기가 왔어요. 외부에서는 계속 불안한 일들이 생기는데도 자신이 옳다고 믿으며 문을 꼭꼭 닫고 있게 되면 불안만 더 커지고 변화에는 현명하게 대처할 수가 없게 되죠."

뭔가 생각났다는 표정을 지으며 지혁이 입을 열었다.

"아, 검사로 승승장구하던 선배들 가운데 그런 사례가 있습니다. 상황이 바뀌었는데도 잘나가던 시절의 방식만 고집하다가 더 큰 어려움에 빠지는 경우를 여럿 봤거든요."

서윤이 살짝 고개를 끄덕인 뒤 설명을 이어갔다.

"반대로 유독 운이 따르지 않는 시기를 지나며 피해의식이나 열등감, 혹은 패배주의에 빠지게 되는 경우도 있어요. 그런 경우 문제는 운이 좋아진 다음이에요. 변화 자체가 불안하다고 생각한 나머지 계속 마음을 열지 않게 되면 좋은 기회가 와도 그것을 제대로 활용하지 못하게 되죠."

사람들은 어느새 집중하며 서윤의 말을 듣고 있었다.

"반면 개방적인 사람들은 운이 바뀌는 시기가 되면 외부의 변화를 학습하고 유연한 자세를 유지해요. 어려운 시기가 왔을 때는 불안을 신호로 삼아 스스로를 업그레이드하고요. 그 결과 다시 좋은 운이 찾아오면 더 높이 날아오르게 되죠."

서윤은 물을 한 모금 마신 뒤 다시 입을 열었다.

"개방성과 관련해서 꼭 말씀드려야 할 부분이 있어요. 불안한 시기에 개방적인 자세를 갖는 것은 중요하지만 친화성Agreeableness은 낮게 유지하시는 것이 좋아요. 자신이 틀릴 수 있다는 생각은 갖되 다른 사람과 잘 지내기 위한 노력은 좀 줄이는 거죠."

"아, 개방적인 자세를 가지는 것과 사람들을 많이 만나는 것은 다르다는 말씀이군요."

뭔가 깨달은 듯한 인재의 말에 서윤이 미소를 지으며 답했다.

"네. 불안한 시기에는 오로지 자신에게 에너지를 집중하는 것이 필요해요. 물론 신뢰할 만한 전문가나 마음을 터놓을 사람이 있다면 소통을 해도 괜찮겠지요. 하지만 불안한 마음을 드러내는 것은 신중해야 해요. 운의 측면에서 보면 그 시기에는 타인에게 쉽게 이용당할 수 있거든요."

서윤의 설명을 들은 인재는 아는 PD의 꼬임에 넘어가 큰돈을 잃었던 경험을 다시 떠올렸다.

'흠…… 그때도 내가 돈 때문에 불안하다는 이야기를 털어놨구나. 먼저 떡밥을 던져 준 셈이었네.'

서윤은 계속해서 설명을 이어갔다.

"반대로 이런 시기에 '나는 불안하지 않아.'라며 스스로를 포장하는 것도 현명한 방법이 아니에요. 타인을 속이기 위해 불필요하게 에너지를 소모한 셈이거든요. 가뜩이나 자신에게 쓸 에너지도 부족한데 다른 사람의 눈까지 신경 쓰다 보면 당연히 스스로를 돌보기가 더 어려워지겠죠."

지혁이 서윤의 말에 맞장구치듯 예를 들었다.

"아, 예전에 동기 한 명이 실수를 해서 인사에서 물을 먹은 적이 있었어요. 그런데 평소보다 더 자주 SNS를 하고, 모임에도 꼬박꼬박 나오더라고요. 솔직히 없어 보인다고 생각했습니다. 불안해하는 티가 너무 났거든요."

서윤이 말했다.

"네, 불안한 시기에 다른 사람들에게 시선이 가 있으면 자신에게 맞는 전략을 제대로 수행할 수가 없게 돼요. 사실 운을 잘 활용하기 위해 항상 가면을 쓰고 살아가야 하는 사람이 있기는 해요. 다만 그 비율이 열 명 중 한 명꼴로 낮은 편이죠. 나머지 사람들이 스스로를 포장하는 데 너무 공을 들이는 것은 쓸데없는 곳에 에너지를 소모하는 것과 같아요."

불안한 시기에 개방적인 자세를 갖는 것은 중요하지만 친화성은 낮게 유지하시는 것이 좋아요. 자신이 틀릴 수 있다는 생각은 갖되 다른 사람과 잘 지내기 위한 노력은 좀 줄이는 거죠.

Part 7

길을 발견하다

47

마지막 모임

✳

출근 준비를 하던 호정이 거울에 서서 매무새를 확인하다 잠시 생각에 잠겼다.

'오늘이 마지막 모임 날이네. 매번 설레는 마음으로 나갔고, 갈 때마다 내면의 에너지가 충만해져서 돌아왔는데 벌써 6개월이나 지났다니…… 시간 가는 게 참 빠르다.'

그때 문득 거울에 비친 자기 모습이 어딘가 달라 보인다는 느낌이 들었다.

'응? 기분 상 그런 건지는 몰라도 얼굴에 좀 생기가 도는 것 같네. 분위기도 바뀐 것 같고…… 그러고 보니 요즘 만나는 사람마다 좋은 일 있냐고 물어보긴 하던데…… 진짜

로 달라 보이나?'

그녀는 거울 앞에 서서 이리 저리 몸을 돌려 보기도 하고 가까이 다가가 보기도 했다.

겉보기에는 달라진 것이 없었지만, 분명 무언가가 달라지긴 했다. 그 미세한 변화를 알아차린 게 기뻐 슬그머니 미소가 비어져 나왔다. 호정은 그런 자신을 보며 나지막이 속삭였다.

"그래, 이 모임에 참여하게 된 것 자체가 나에게는 행운이었어. 오늘 잘 마무리하고 와야지."

거울 앞을 떠나는 호정의 발걸음이 경쾌했다.

호정이 모임 장소에 도착하자 먼저 자리를 잡은 사람들이 아쉬운 표정으로 대화를 나누고 있었다.

곧이어 서윤이 문을 열고 들어와 자리에 앉았다. 그녀는 만면에 따뜻한 미소를 띤 채 한 사람 한 사람과 눈을 맞추고는 입을 열었다.

"드디어 마지막 모임이네요. 오늘은 좀 편안하게 그동안 궁금했던 부분과 하고 싶었던 이야기를 나눠 봐도 좋을 것 같아요."

상우가 잠깐 주저하다가 가장 먼저 손을 들었다.

"저를 이 모임에 추천해 주신 분이 저에게는 귀인인데

요. 사실 이 좋은 내용을 배우지 못했다면 어떻게 됐을까 생각만 해도 아찔합니다. 혹시 누군지 알 수 있으면 보답을 하고 싶은데…….”

살짝 눈치를 보는 표정으로 상우가 말끝을 흐리자 서윤이 싱긋 웃음을 지었다.

“신규 멤버를 정할 때는 보통 저희 모임의 얼럼(alum, 동문)들이 추천해 주시고요. 저도 그 후보분들에 대해 의견을 드리곤 하죠.”

예상하지 못했던 듯, 눈을 동그랗게 뜬 상우가 갑자기 두 손을 짝 하고 마주치며 말했다.

“아! 진영이 형이군요. 그 형이 드라마 제작사를 했는데 몇 년 전에 회사가 한창 어려웠거든요. 그때 자금이 부족해서 고생 많이 한다는 얘기는 들었는데 이후 성공적으로 투자를 유치해서 글로벌 히트작을 내놓았죠.”

상우가 활짝 웃으며 말했다.

“이제야 알겠네요. 형이 선생님 책을 선물하며 ‘어려운 시절에 도움을 많이 받았다.’라고 했는데 그 말이 이 뜻이었네요!”

서윤이 상우를 향해 은은하게 미소 지으며 고개를 살짝 끄덕였다. 그때 호정의 뇌리에도 누군가의 얼굴이 떠올랐다.

"저도 짐작이 가는 분이 있어요! 김현자 선생님이라고…… 모두들 존경하는 원로 교수님이신데 그분이 후배들을 잘 챙겨 주시지만 특히 저를 예뻐하시거든요. 그러고 보니 이서윤 선생님을 처음 알게 된 것도 그분 덕이었죠. 책 내용이 좋다고 말씀하신 적이 있었어요."

한편 지혁은 저도 모르게 뚱한 표정을 지은 채 속으로 투덜거렸다.

'나는 누가 추천한 건지 도저히 짐작되지 않는데. 내가 인생을 잘못 산 건가…….'

인재도 손가락을 튕기며 골똘히 생각하고 있었다.

'도대체 누구지? 혹시 인강 회사 사장님인가? 아니면 대치동 시절에 나를 밀어줬던 학원 원장님인가…… 설마 학부모는 아닐 테고…….'

48

행운은 나이를 가리지 않는다

✳

"저는 어머님 이야기를 잠깐 해 보고 싶습니다. 저희 어머니가 70대에 접어드셨는데 운동도 열심히 하시고 취미 생활도 즐기면서 친구들과 여행도 자주 다니세요. 지금까지 자식들 키우느라 고생 많이 하셨는데 어찌 보면 지금이 어머니 인생에서 가장 좋은 시기가 아닐까 싶어요."

인재가 밝은 표정으로 이야기를 꺼내자 서윤이 고개를 살짝 옆으로 기울이며 환한 미소를 지었다.

"어머님이 잘 지내신다는 이야기를 들으니 저도 기분이 좋아지네요. 저를 어릴 때부터 돌봐 주신 유모 할머니 생각도 나고요. 지금은 돌아가셨지만 그분께 넘치는 사랑을 받아서인지 연세가 있으신 분들을 보면 어쩔 수 없이 마음이 애틋해져요."

그동안 묵묵히 있던 산이 기분 좋은 웃음을 보였다.

"숨을 쉬고 있는 한 행운을 만날 기회는 있어요. 실제로 사례들을 살펴보면 60대 이후, 심지어는 90대에도 좋은 운이 들어오곤 했어요. 그 운을 잘 활용만 한다면 충분히 행복하고 편안한 삶을 누릴 수 있고요. 그런데도 나이가 들었다는 이유만으로 자신에게 주어진 행운을 미리 포기하시는 분들이 있어서 안타까워요."

서윤의 말에 재연이 한숨을 내쉬며 말했다.

"맞아요. 저희 어머니가 그러시거든요. 이제는 걱정할 일도 별로 없는데 여전히 오빠네 조카들을 키워주며 힘들어하고 계세요. 앞으로는 당신 인생을 충분히 즐기시라고 해도, '내 나이가 몇인데 뭘 즐기냐. 그냥 살던 대로 사는 거지……' 그러시더라고요."

안타까운 표정을 지은 서윤이 재연의 말을 이어받았다.

"문제는 '이 나이에는 이런 것을 해야 한다.'는 고정관념이에요. 그리고 이런 관념은 사회적인 영향을 많이 받게 마련이죠. 문화권 별로 분석을 해 봤는데 미주나 유럽에 비해 우리나라가 속한 아시아권 국가에서 이런 고정관

넘이 강하게 드러났어요. 그 결과 비슷한 운의 흐름 하에서도 노년으로 갈수록 삶의 질에서 유의미한 차이를 보였죠."

서윤은 잠시 숨을 고른 뒤 차분하게 말을 이어갔다.

"나이에 대한 고정관념에 얽매이다 보면 세상이 정해 놓은 시간표를 따라가지 못할 때 불안해지기 쉬워요. 그럴 때 '저 사람은 40대에 이만큼 이루었는데 왜 나는 못했을까.'라는 생각을 하실 수 있는데요. 그 사람이 갖고 있는 운의 시간표와 나의 것은 다를 수 있다는 것을 알고 자기만의 때가 온다는 것을 기억하셨으면 해요. 나에게는 나만의 시간표가 있는 법이에요."

늘 그랬듯 서윤의 목소리는 사람들의 마음을 부드럽게 어루만지고 있었다. 호정은 서윤의 말을 들으며 생각에 잠겼다.

'나만의 시간표가 있다니까 든든하게 응원을 받는 느낌이네. 변화하기에 너무 늦은 것은 아닐까 생각했는데 지나치게 나이에 얽매이지 말고 내가 무엇을 원하는지 잘 생각해 봐야겠다.'

호정이 위로받는 사이 서윤의 이야기는 계속되었다.

"아울러 60~70대 이후에 좋은 운을 잘 활용하기 위해서는 이전보다 자신에게 초점을 두시는 것이 좋아요. 시니어 분들 중에는 지금까지 타인의 시선을 우선순위에 두고 살아오신 분들이 많은데요. 스스로에게 보다 적극적으로 관심을 가지면서 자신만의 행운이 빛을 발하도록 살아가시면 좋겠어요."

숨을 쉬고 있는 한 행운을 만날 기회는 있어요. 실제로 사례들을 살펴보면 60대 이후 심지어는 90대에도 좋은 운이 들어오곤 했어요. 또 그 운을 잘 활용한다면 충분히 행복하고 편안한 삶을 누릴 수 있고요.

애팔래치아 트레일을 완주한 최초의 여성

1955년, 미국 동부의 산악지대 애팔래치아 트레일Appalachian Trail에서 근무하던 구조 요원은 희한한 할머니 한 명을 만난다. 구부정한 자세로 작은 포대자루를 하나 짊어지고 산길을 걸어가는 할머니는 잠깐 집 앞을 산책 나온 사람처럼 가벼운 차림이었다.

하지만 그녀가 걷고 있는 애팔래치아 트레일은 결코 만만한 등산 코스가 아니었다. 조지아 주부터 메인 주까지 뻗어 있는 이 트레일의 총 길이는 3500km. 지금까지 종주에 성공한 사람은 여섯 명에 불과했다. 구조대원은 걱정스러운 목소리로 말했다.

"할머니, 그만 집에 돌아가세요."

하지만 67세의 엠마 게이트우드Emma Gatewood는 집으로 돌아갈 생각이 전혀 없었다. 1년 전, 쓰레기통에 버려져 있던 「내셔널

지오그래픽」 잡지에서 우연히 이곳의 사진을 보게 된 게이트우드는 주변 풍광에 반해 종주를 결심했다.

1955년 5월 3일, 조지아 주에서 대장정을 시작한 그녀는 146일 만에 메인 주의 커타딘 산에 도착, 트레일 종주에 성공한다. 마지막 산의 정상에서 할머니는 '아메리카, 더 뷰티풀'이라는 노래를 신나게 부른 뒤 다음과 같이 외쳤다.

"해냈다! 나는 하겠다고 말했고, 그 일을 결국 해냈다!"

사실 젊은 시절 할머니의 삶은 순탄하지 못했다. 19세에 담배 농장주인 남편에게 시집와 11명의 자녀를 낳았지만 상습적인 가정 폭력에 시달려야 했다. 치아나 갈비뼈가 부러지는 건 예사였고 죽기 직전까지 맞은 적도 여러 번이었다. 게다가 당시의 여성들은 이혼하는 것조차 쉽지 않았다. 하지만 게이트우드는 54세가 되던 1941년, 소송 끝에 마침내 이혼에 성공했고 양육권도 지킬 수 있었다.

"하루 27km가 넘는 거리를 걸을 수 있었던 비결이 무엇입니까?"

종주가 끝나고 기자들이 묻자 할머니는 별일 아니라는 듯 말했다.

"날씨가 흐린 날이든 맑은 날이든 개의치 않고 걷는 것을 멈추지 않았습니다. 물론 맑은 날에 걷는 것이 더 쉬웠지만요."

이후 게이트우드는 TV 토크쇼에 출연했고, 곳곳에서 강연 요청을 받았다. 그러면서도 결코 도전을 멈추지 않았다. 그녀는 76세까지 애팔래치아 트레일을 두 번 더 완주했고 세상을 떠나기 전까지 총 23,000km를 걸었다. 이는 지구를 반 바퀴 돌고도 남을 정도의 거리였다.

그녀는 또 다복한 노년을 보냈다. 살아생전 11명의 자녀, 24명의 손주, 30명의 증손주와 1명의 고손주 들을 두었던 게이트우드는 자손들과 화목하게 지내다가 85세에 심장마비로 사망했다. 후손들은 지금도 게이트우드의 이야기를 자신들의 자녀와 손주에게 전하며 그녀가 남긴 정신적 유산을 지키고 있다.

49

품격 있는 삶

✳

이번에는 호정이 손을 들었다. 처음 모임에 참석했을 때 보였던 피곤하고 지친 모습과 달리 생기 넘치는 몸짓이었다.

"저는 이 모임에 나온 이후 저에게 찾아온 변화를 말씀드려 보고 싶어요."

미소를 지은 서윤이 고개를 끄덕이자 호정이 말을 이어갔다.

"요즘 뭐랄까…… 편안해요. 제가 감정적으로 안정이 되니까 저희 아이도 좀 편한가 봐요. 예전에는 집에 오면 짜증만 내곤 했는데 요새는 친구들 얘기도 곧잘 해요."

참석자들의 눈가에 여유로운 웃음이 걸렸다. 산이 고개를 끄덕이며 호정을 향해 손을 내밀었다.

"편해졌다는 말에 격하게 공감합니다. 저도 요즘 머릿속이 한결 맑아진 것 같다고 느낍니다. 잔뜩 엉켜 있던 복잡한 생각들도 꽤 사라졌고요."

산의 지원사격에 힘을 얻은 호정이 그를 향해 고개를 살짝 숙여 보였다.

"지난번에 말씀드렸듯이 이제 오십 세를 바라보는 나이가 되니 어떤 모습으로 나이 들어갈지에 대해서도 고민이 많았어요. 그런데 5년, 10년 후에도 계속 발전하고 있을 저를 생각하니 뿌듯해지네요. 지금까지 살면서 한 번도 못 느껴 본 감정인데, 요즘 매순간 살아 있다는 기분이에요."

서윤의 눈빛에도 따스함이 가득했다.

"호정님과 자녀분의 관계에 있어 의미 있는 전환점이 될 수 있겠네요. 보통 자녀가 불안해하면 부모가 더 흔들리기 마련이거든요. 실제로 자녀가 크게 불안을 느끼는 시기에 어머니의 운에서도 그런 점이 드러나는 경우가 많았어요."

응원이 담긴 서윤의 말에 호정의 표정도 눈에 띄게 밝아졌다.

"이럴 때 부모가 불안을 신호로 삼아 성장해 본 경험이 있다면 자녀가 힘들어 해도 휩쓸리지 않을 수 있어요. 오히려 아이의 마음을 존중하며 불안을 헤쳐 나갈 수 있도록 지지해 줄 수도 있고요. 아이 입장에선 든든한 버팀목을 갖게 되는 셈이죠."

서윤의 확신 있는 말에 호정은 크게 고개를 끄덕이며 생각했다.

'늘 힘이 되어 주는 엄마가 되고 싶었는데…… 이제 지우를 더 잘 이해해 줄 수 있을 거야.'

서윤이 부드러운 눈빛으로 사람들을 바라보며 말을 이어갔다.

"한 발 더 나아가 불안을 신호로 삼아 소산구조를 이룬다면 이전의 자신과는 확연히 달라질 거예요. 상대를 진심으로 이해하고 지지해 주는 겸손함과 품격도 갖추게 되고요."

서윤의 말을 듣는 참석자들의 얼굴에는 반짝거리는 빛이 감돌고 있었다. 그런 사람들을 천천히 둘러보며 서윤은 다시 말을 이어갔다.

"그렇게 자신만의 가치를 가꿔 온 사람에게는 크든 작든 본인만의 아우라가 생겨나죠. 자연히 젊은 시절보다 좋

은 인연들을 만나고 그들과 함께 풍요로운 시간을 보내며
자신만의 삶을 살아갈 수 있게 될 거예요."

불안을 신호로 삼아 소산구조를 이룬다면 상대를 진심으로 이해
하고 지지해 주는 겸손함과 품격도 갖추게 되고요. 크든 작든 본
인만의 아우라가 생겨나죠.

운명의 열쇠를 쥔다는 것은 없는 길을 만들어야 한다거나

잔뜩 쌓인 장애물을 치우고

길을 개척해야 한다는 말이 아니에요.

이미 나를 위한 최선의 길이 예비 되어 있다는 것을 알고,

그 길을 잘 발견하기만 하면 되는 거예요.

50

운의 갈림길

✳

산이 두 손을 마주 잡은 채 서윤을 향해 입을 열었다.

"우선 감사하다는 말씀부터 드리고 싶습니다. 이 모임을 기점으로 저도 이제 바닥을 치고 올라가는 것 같아요. 마음이 안정되니 신기하게도 좋은 기회들이 하나둘 찾아오고 있어요. 최근 괜찮은 시나리오도 몇 건 들어왔습니다."

서윤이 흐뭇한 미소를 지으며 살짝 고개를 끄덕여 보였다. 그때 옆에 앉아 있던 지혁이 손을 들고는 말했다.

"저는 모임을 통해 제 자신을 돌아보게 된 것이 가장 값진 성과 같습니다. 지금까지 대학 전공이나 직업, 결혼 등에 대한 결정만이 중요하다고 생각했는데 돌아보니 사소하다고 여겼던 결정들이 의외로 중요한 역할을 한 적이 많았더라고요."

지혁도 서윤을 향해 고개를 숙이며 정중하게 말했다.

"앞으로도 크고 작은 선택의 순간을 만나게 될 텐데 그럴 때 도움이 될 만한 말씀을 부탁드리겠습니다."

참석자들도 너나없이 동의한다는 듯 고개를 끄덕였다. 서윤은 밝게 미소 지으며 입을 열었다.

"좋은 깨달음을 얻으셨네요. 실제 여러 사례들을 분석해 봐도 겉으로는 중요하지 않은 것처럼 보이지만 향후 운을 활용하는 데 있어 크리티컬한 역할을 하는 선택들이 많아요. 예를 들면 '그 모임에 한번 가 볼까?' 하고 나갔는데 그곳에서 좋은 인연을 만나기도 하고 반대로 악연을 만나는 경우도 있어요."

서윤이 반짝이는 눈빛으로 사람들을 둘러봤다.

"여기서는 운의 흐름을 타고 가다 보면 찾아오는 선택의 시기에 대해 말씀드리는 것이 도움이 될 것 같아요."

참석자들이 몸을 앞으로 내밀거나 의자를 끌어당기며 서윤의 말에 집중했다.

"인생에서 우리는 종종 운의 분기점을 만나곤 하죠. 그런 시기가 오면 보통 2~3개, 많게는 4~5개의 선택지가 주

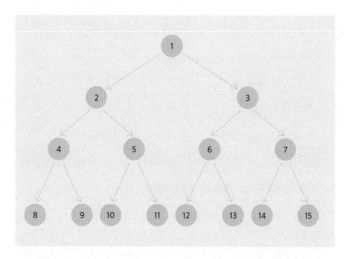

트리Tree 구조는 각각의 단위들이 나뭇가지처럼 연결된 비선형적 계층 구조를 일컫는다. 운의 흐름도 이와 비슷하다고 볼 수 있다. 운의 분기점을 맞이하면 보통 2~3개의 선택지가 주어진다. 그리고 한번 선택을 하면 다음 분기점까지는 계속 그 길로 가야 한다.

어져요. 그중 하나의 길을 고르면 다음 분기점까지는 계속 그 길을 따라가야 합니다. 한 번 정한 길을 가는 동안에는 자신의 선택에 책임을 져야 하는 거죠."

"그러니까 한번 타면 그다음 정류장까지는 정해진 노선을 따라서 가야 하는 버스와 비슷하네요."

상우가 이해된다는 듯 말하자 서윤이 대답했다.

"네, 맞아요. 그리고 사실 여러 갈래의 길이 있지만 그중

운의 측면에서 봤을 때 가장 좋은 길은 어느 정도 정해져 있어요."

인생에서 우리는 종종 운의 분기점을 만나곤 하죠. 그중 하나의 길을 고르면 다음 분기점까지는 계속 그 길을 따라가야 합니다. 한 번 정한 길을 가는 동안에는 자신의 선택에 책임을 져야 하는 거죠.

51

길을 발견하다

✦

서윤은 차분하게 대화를 이끌어 갔다.

"인간은 완벽하게 이성적일 수가 없기 때문에 우리가 선택을 할 때는 어느 정도 감정이 개입할 수밖에 없어요. 이럴 때 신호로 오는 감정들은 보통 불안, 기대, 두려움, 쾌락 등이에요. 그 감정들을 어떻게 관리하고 활용하느냐에 따라 선택이 바뀌고, 결국 각기 다른 운명이 펼쳐지게 되죠."

잠시 생각하던 인재가 조심스럽게 말했다.

"어느 때는 감정이 도움이 되기도 하겠지만 반대로 안 좋은 영향을 미칠 수도 있겠네요."

서윤이 은은하게 미소 지으며 답했다.

"네, 맞아요. 먼저 감정이 도움을 주는 경우에 대해 말씀드려 볼게요. 이성적으로 생각했다면 고르지 않았을 길인데 감정이 이롭게 작용해 더 좋은 길을 선택하게 된 거죠. 그렇게 좋은 선택들이 쌓여 갈수록 우리는 자기 그릇에 점점 더 많은 물을 채울 수 있게 되요."

그 순간 지혁은 이 모임에 참석하기로 결정했을 때를 떠올렸다.

'맞아, 나도 그랬어. 사실 평소 내 패턴을 따라갔다면 오지 않았을 텐데 뭔가 본능적인 느낌이 왔어. 결과적으로는 그게 맞는 길이었고…….'

"반대로 그런 갈림길에 있을 때 감정 때문에 좋지 않은 선택을 하기도 해요. 그 감정 중 하나인 불안에 대해 지금까지 살펴본 거고요. 사실 이럴 때 문제가 되는 불안의 상당수가 과거의 상처나 안 좋은 기억에 그 뿌리를 두고 있어요."

상우가 두 손을 맞잡은 채 낮은 목소리로 입을 열었다.

"저도 과거의 기억이 발목을 잡는다는 생각을 종종 합니다. 과감하게 결정을 내리려고 하다가도 과거의 상처가 떠오르면 어찌할 새도 없이 불안이 확 올라오곤 하죠."

서윤이 이해한다는 눈빛으로 상우를 바라보며 천천히

고개를 끄덕였다. 그러고는 맑고 따뜻한 목소리로 말했다.

"네. 말씀하신 것처럼 과거의 상처로 인해 스스로에게 꼬리표를 붙이는 경우가 있어요. 그런 감정에서 탈출할 수 없을 거라고 스스로 한계를 정해 버리기도 하고요."

잠시 말을 멈춘 서윤이 이번에는 보다 단단한 어조로 입을 열었다.

"운이란 것은 각자의 과거를 치유할 수 있는 또 다른 기회를 우리 앞에 놓아주기 마련이에요. 이때 중요한 것은 치유할 수 있는 힘이 우리에게 있음을 인식하고, 또 믿는 것이죠."

진심을 담은 서윤의 말에는 사람들의 마음을 어루만지는 힘이 있었다.

"그렇게 스스로를 믿고 자신이 살아온 삶에서 배움을 얻는다면 우리는 감정을 활용해 옳은 길을 고를 수 있어요. 그런 과정을 거쳐서 바른 선택을 한다면 과거의 상처를 자신의 것으로 받아들이면서도 한 계단 위로 성장할 수 있죠."

그녀의 말이라면 하나도 빼놓지 않겠다는 듯 집중해서 듣던 인재가 슬며시 고개를 끄덕였다.

'생각해 보면 아버지와의 관계 때문에 생긴 상처가 중요한 선택에 영향을 미쳤던 적도 있는 것 같아. 이제는 그 꼬

리표를 떼고 앞으로 나아가야 할 때인 것 같고…….'

서윤의 이야기는 계속되었다.

"과거의 아픔과 불안 속에 갇혀 삶을 그저 견디기만 하는 것이 아니라 이 순간 살아 있다는 것을 느끼며 나아간다면 우리는 진심으로 운명의 키를 쥔 사람이 될 수 있어요."

여기까지 말한 서윤은 멤버들에게 잠시 생각할 틈을 준 뒤 이어서 명료하면서도 차분하게 덧붙였다.

"여기서 운명의 열쇠를 쥔다는 것은 없는 길을 만들어야 한다거나 잔뜩 쌓인 장애물을 치우고 길을 개척해야 한다는 말이 아니에요. 이미 나를 위한 최선의 길이 예비 되어 있다는 것을 알고, 그 길을 잘 발견discover하기만 하면 되는 거예요. 다음 분기점이 올 때까지 가장 좋은 길이 무엇인지 살펴보면서요."

서윤의 말을 경청하던 호정의 가슴에 무언가 따뜻한 것이 가득 차는 것 같았다. 호정은 저도 모르는 새 입가에 미소를 지었다.

"길을 발견하면 된다고 하시니까 마음의 부담이 한결 덜합니다. 그리고 이 모임에서 배운 것을 적용하면 그걸 알아볼 수 있는 눈이 생길 것 같아요."

호정이 예의 바르게 화답하자 이어 인재가 넉살 좋게 말했다.

"선택의 시기에 대한 이야기까지 듣고 나니 진짜 졸업하는 기분인데요? 그래도 앞으로 우리가 걸어갈 길은 외롭지 않을 것 같습니다. 지금까지 해 주신 이야기들이 두고두고 힘이 될 테니까요."

마지막으로 지혁이 입을 열었다.

"단언컨대 지금까지 살면서 내린 결정 중에 이곳에 나오기로 한 것이 가장 잘한 일 같습니다. 인생의 절반을 넘기는 시점에서 꼭 필요했던 배움이었습니다. 좋은 말씀 해주셔서 다시 한 번 감사드립니다."

뒤이어 서윤의 따뜻한 인사로 모임은 막을 내렸다.

"귀한 인연으로 만나 의미 있는 시간을 함께할 수 있었음에 저도 감사드려요. 여러분이 가시는 길에 행운이 함께하기를 진심으로 바라겠습니다."

운이란 것은 각자의 과거를 치유할 수 있는 또 하나의 기회를 우리 앞에 놓아주기 마련이에요. 이때 중요한 것은 치유할 수 있는 힘이 우리에게 있음을 인식하고, 또 믿는 것이죠.

걸어보지 못한 길

로버트 프로스트 지음, 정현종 역

단풍 든 숲 속에 두 갈래 길이 있더군요.

몸이 하나니 두 길을 다 가 볼 수는 없어

나는 서운한 마음으로 한참 서서

잣나무 숲 속으로 접어든 한쪽 길을

끝 간 데까지 바라보았습니다.

그러다가 또 하나의 길을 택했습니다.

먼저 길과 똑같이 아름답고,

아마 더 나은 듯도 했지요.

풀이 더 무성하고 사람을 부르는 듯했으니까요.

사람이 밟은 흔적은

먼저 길과 비슷하기는 했지만,

서리 내린 낙엽 위에는 아무 발자국도 없고

두 길은 그날 아침 똑같이 놓여 있었습니다.

아, 먼저 길은 다른 날 걸어 보리라! 생각했지요.

인생길이 한번 가면 어떤지 알고 있으니

다시 보기 어려우리라 여기면서도.

오랜 세월이 흐른 다음

나는 한숨지으며 이야기하겠지요.

"두 갈래 길이 숲속으로 나 있었다. 그래서 나는—

사람이 덜 밟은 길을 택했고,

그것이 내 운명을 바꾸어 놓았다."라고.

52

불안을 통해 나아가다

✳

"**역**대급입니다. 론칭 한 시간 만에 다운로드 수가 15만 회입니다!"

"우와!"

여기저기서 환호성과 박수가 터져 나왔다. 오늘은 상우네 회사가 3년 동안 준비한 신작 게임을 론칭하는 날이다.

'아…… 이제 됐다.'

직원들과 함께 숨죽이며 론칭을 지켜보던 상우는 안도의 숨을 길게 내쉬었다. 어깨에 지고 있던 무거운 짐이 조금은 가벼워진 것도 같았다. 상우는 자리에서 일어나 기뻐하는 개발자들과 악수를 나눈 뒤 입을 열었다.

"출발이 좋습니다. 유저들이 몰리고 있으니 시스템 에러가 나지 않도록 각별히 신경 써 주십시오."

들떠 있는 분위기 속에서도 감정을 표현하지 않으려고 상우는 입술을 꽉 물고 모니터 화면을 응시했다.

'막판에 위기도 여러 번 있었지만 잘 넘어왔군. 불안할 때마다 가속 페달을 밟는다는 생각으로 여기까지 달려왔는데…… 과연 A 유형 방법이 통하긴 하네.'

자신도 모르게 만족스러운 미소를 짓던 상우는 손으로 양 뺨을 감싸며 스스로를 다잡았다.

'아니야. 내가 이렇게 자뻑에 취해 있을 때가 아니지. 이럴 때일수록 정신 바짝 차리고 실수 없도록 해야 돼.'

여느 때처럼 머리를 좌우로 여러 번 흔든 뒤 상우는 의자를 바싹 당겨 컴퓨터 앞에 앉았다.

◆

점심시간인데도 재연은 키보드를 빠르게 두드리며 일에 빠져 있었다. 그녀의 책상에는 한입 베어 먹은 채 방치된 샌드위치가 놓여 있었다.

재연이 6개월 간 작업했던 파일럿 프로젝트는 경영진에게 좋은 반응을 얻으며 회사의 차세대 AI 과제 중 하나로 선정되었다. 팀원도 100명까지 늘었다.

문득 그녀의 배 속에서 커다란 꼬로록 소리가 울려 퍼졌다. 그제야 재연은 민망한 듯 키보드에서 손을 뗐다. 그러곤 꽤 오래 방치됐는지 빵 가장자리가 말라 있는 샌드위치를 집어 들고는 다시 우물거렸다. 그 짧은 사이에도 재연은 캘린더를 보며 생각했다.

'내일 또 사장님 보고일이네. 높은 분들이 프로젝트에 관심을 가지셔서 그런지 보고 날짜가 진짜 빨리 돌아오는 것 같다.'

샌드위치를 다 먹은 재연은 회전의자에 등을 기대고 팔짱을 낀 채 의자를 빙글빙글 돌리며 생각했다.

'진도도 잘나가고, 도와주는 사람도 많고, 마음먹은 대로 일이 착착 되니까 너무 좋네. 이러다가 프로젝트가 엎어지면 어쩌나 불안할 때도 있지만…… 지금까지 해 왔듯 돌진하면 될 거야. 신재연, 잘하고 있다!'

팔을 쭉 뻗고 만세 포즈를 취하는데 노크 소리가 들렸다. 열린 문틈 사이로 같은 회사에서 일하는 고등학교 동창 선호가 빼꼼히 고개를 들이밀었다.

"뭐 하나?"

"아, 스트레칭?"

"그래, 스트레칭 좋지. 그나저나, 너 들었냐? 이혜리 회사 관두는 거?"

선호가 가지고 온 소식에 재연의 귀가 번쩍 뜨였다. 어찌된 일인지 궁금했지만 그녀가 자초지종을 더 묻기도 전에 선호는 부산을 떨며 계속 떠들어댔다.

"모양새는 자기가 관두는 건데 사실 거의 잘리는 거나 마찬가지더라. 걔가 다른 임원한테 비리가 있는 것처럼 글을 써서 커뮤니티 여기저기에 올렸대. 그런데 사내 익명 게시판에 올린 게 문제가 되어서 기사까지 나온 거야. 결국 감사가 떴고 범인이 딱 잡힌 거지."

'그간 익명 게시판에 나에 대해서도 이상한 글이 올라오던데…… 그것도 이혜리 짓이었나?'

재연이 생각하는 사이 선호는 묻지도 않은 이야기를 줄줄 늘어놓았다.

"걔는 이제 다른 데 가지도 못할 걸? 레퍼런스 체크만 하면 금방 나올 텐데 어디를 가겠냐? 임원은 로열티가 제일 중요한데, 거기서 끝장이 났으니……."

듣고 있자니 수다가 끝도 없이 이어질 기세였다. 재연은 안 되겠다 싶어 선호의 등을 떠밀며 사무실에서 내보냈다.

"알겠어. 야, 나 내일 보고야. 얼른 일해야 해."

선호가 돌아간 뒤 재연은 창가에 서서 생각에 잠겼다.

'로열티…… 그래, 그릇을 키울 때 중요하게 생각해야 한다고 했지. 나도 이번 일을 반면교사 삼아서 로열티에 각별히 신경 써야겠다.'

순간 재연은 늘어지려는 정신줄을 단단히 붙들었다.

'아, 맞다! 내가 이러고 있을 때가 아니지. 얼른 보고 준비나 마저 하자.'

53

새로운 시작

✳

3년 만의 대본 리딩 자리였다. 너무 오랜만이라 생소하게까지 느껴졌다.

산은 미팅 룸 앞에 서서 잠시 호흡을 가다듬었다.

'후, 하아……. 이게 뭐라고 떨리냐…… 나 15년차 배우 맞아?'

산은 가늘게 떨리는 손가락을 의식하면서도 입가에 미소를 장착하고 미팅 룸에 들어섰다. 그가 들어오는 것을 발견하자 미팅 룸 한쪽에 앉아 있던 남자 배우 한 명이 벌떡 일어나 90도로 인사했다.

"안녕하십니까, 선배님!"

"어? 어."

밝고 싹싹해 보이는 그는 산에게 깍듯이 인사하고는 눈을 빛내며 그를 쳐다보았다.

'아, 재구나. 이번에 내 상대역이라는 신인 배우. 독립 영화에서 연기 참 잘하던데……'

"선배님, 이렇게 같이 작품하게 되어 영광입니다. 처음 뵙겠습니다. 손승현입니다."

"네, 반가워요. 영화도 잘 봤고요."

산의 칭찬을 들은 승현이 상기된 표정을 지었다. 그때 원로 배우 김진철이 미팅 룸에 들어왔다. 산이 꾸벅 인사하며 살갑게 다가가자 진철이 그의 등을 다독거렸다. 그 무심한 듯한 위로가 눈물겹게 고마웠다.

"응, 오랜만이야. 그동안 마음고생 좀 했지? 이렇게 다시 보니 좋네."

"아닙니다, 선생님. 열심히 하겠습니다."

산은 관심을 가졌던 OTT 드라마를 포함해 몇 개의 작품에서 출연 제안을 받았다. 사실 솔깃할 만한 기회였지만 그는 고심 끝에 교포 출신 신인 감독의 영화를 선택했다. 물론 기획사에서는 대작 OTT 드라마의 출연을 종용했다. 그러나 산의 생각은 달랐다.

'B 유형 방식으로 차분하게 일상을 보내면서 생각해 봤더니 내가 무엇을 원하는지 분명하게 알 수 있었어. 난 흥행작보다는 사람들의 기억에 오랫동안 남는 좋은 작품에 출연하고 싶어. 그리고 이 작품은…… 상대 배우도 신인이고 제작비도 많지 않았지만 시나리오를 읽는 순간 느낌이 왔어.'

산의 손에는 하도 여러 번 읽어서 꼬깃꼬깃해진 대본이 들려 있었다. 그는 조용히 대본 표지를 쓸어 보았다. 옳은 선택이라는 듯 마음속에서 확신과 자신감이 올라왔다. 동시에 떨리던 마음은 어디론가 사라지고 그지없이 고요하게 안정되었다.

'내 감정이 알려 주잖아. 이 길이 옳은 길이라고.'

곧이어 출연진과 스태프가 모두 도착했다. 감독이 먼저 일어나서 인사말을 하고 그 다음이 주연 배우인 산이 일어나 말할 차례였다. 산은 옷매무새를 반듯하게 가다듬고 자리에서 일어났다.

"안녕하십니까, 윤산입니다. 좋은 작품에 함께 참여하게 되어 정말 기쁩니다. 신인의 마음으로 열심히 하겠습니다."

사람들이 일제히 박수를 쳤다. 산의 입가에도 편안한 미소가 떠올랐다.

———◆———

서울 시내의 야경이 한눈에 내려다보이는 호텔의 스카이라운지에서 지혁은 누군가를 기다리고 있었다. 그때 입구 쪽에서 캐주얼한 재킷에 청바지를 입은 남자 한 명이 손을 흔들면서 다가왔다. 지혁이 반갑게 그를 맞았다.

"형, 이게 몇 년 만이에요. 검사 그만 두시고 처음 뵙는 것 같은데요?"

지혁은 대학 선배인 상진을 만나러 온 참이었다. 그는 몇 년 전 검사직을 관두고 IT 기업에서 일하고 있었다.

"그러게, 웬일이냐. 지혁이 네가 연락을 다 주고. 그래, 모임은 잘했지?"

"어, 형이었어요? 저 추천해 준 사람?"

대답 대신 씩 웃음을 보이는 상진에게 지혁이 본격적으로 용건을 꺼냈다.

"조언을 좀 듣고 싶어서요. 최근 들어 제가 검찰에 남고 싶은 건가 진지하게 생각해 보게 됐어요. 형도 잘 알다시피 길은 하나만 있는 게 아니잖아요. 지금껏 민간에 한 번도 안 나가 보기도 했고요."

숨도 쉬지 않고 단숨에 용건을 말한 지혁은 맥주로 목을 축이고는 말을 이어갔다.

"솔직히 누가 봐도 '우와' 하는 곳으로 한 방에 옮기고 싶은 마음도 있었죠. 그런데 돌아보니, 그런 것들이 다 은 총알을 원하는 마음이라는 생각이 들었어요. 지금 아니면 언제 또 맨땅에 헤딩해 보나 싶기도 해요."

상진이 무슨 말인지 알겠다는 듯 연신 고개를 끄덕이더니 대답했다.

"너 로펌이나 대기업에서 일하는 선배들을 제치고 나한테 온 걸 보니 네 말대로 보장된 자리 말고 바닥부터 시작할 생각이 있나 보네? 하하하, 역시 내가 사람을 잘 봤군. 그래, 내가 겪어 보니까 말이다……."

지혁은 몸을 바싹 앞으로 숙여 선배의 말에 귀를 기울였다. 진지하게 대화를 나누는 두 사람의 실루엣 너머로 도시의 불빛이 반짝거리고 있었다.

54

더 나은 나를 향해

✳

서울의 화려한 야경이 한눈에 내려다보이는 주상복합 건물의 거실.

한 손에 와인잔을 든 채 인재는 자신이 소속돼 있는 인강 사이트 메인 화면을 보고 있었다.

'통합사회는 Only One, 원인재.'

사탐 분야 최상단에 자신의 이름과 사진이 올라와 있었다. 인재의 심장도 살짝 두근거렸다.

'내 이름이 제일 위에 있다니, 볼 때마다 적응이 안 되네. 이제 진정한 일타강사가 된 건가……'

잔을 빙글빙글 돌리던 인재는 와인을 한 모금 마셨다.

화사한 꽃향을 머금은 레드 와인이 입안을 맴돈 뒤 부드러운 끝맛을 남기고는 목을 타고 내려갔다.

'악플이 우르르 올라올 때마다 불안하긴 했어. 소문 하나에 잘못 휘말리면 바닥으로 떨어지는 게 업계의 생리라서…… 그럴 때마다 B 유형에 맞는 방식으로 강의와 공부에 집중하고 매일매일 착실하게 생활하려고 노력했는데, 그게 잘 통했네.'

인재는 잔에 와인을 따르면서 모임 이후 달라진 점을 돌아봤다.

'사실 아버지에 대한 감정을 좋게 정리한 것이 나에게는 결정타였지. 과거의 꼬리표를 떼어 내겠다고 마음먹고 나니까 날아갈 것처럼 자유로워진 느낌이 들었잖아. 이제는 고요하게 내 감정에만 집중할 수 있게 된 것 같아.'

와인을 한 모금 더 입 안에 머금으며 인재는 창밖으로 시선을 돌렸다. 유리창에 비친 자신과 눈이 마주쳤다.

'지금은 예전보다 한 단계 위로 올라선 기분이야. 세상을 보는 시각도 달라진 것 같고 과거에 어렵게만 보이던 일들도 한결 편안하게 느껴져. 내가 운을 더 잘 활용하게 된 건가?'

인재는 기분 좋은 표정으로 창밖의 도로를 응시했다. 그

때 저 멀리 빌딩 전광판에서 '번쩍' 하고 낯익은 얼굴 하나
가 눈에 들어왔다. 폼 나게 팔짱 낀 인재의 사진이었다.

"푸하하, 서울 시내 한복판에 내 사진이 뜨다니…… 원
인재, 진짜 출세했다."

인재는 와인 잔을 내려놓고 기분 좋게 혼자만의 왈츠를
추었다.

———————◆———————

조용한 진료실에서 호정은 두근거리는 가슴을 지그시
누른 채 인터넷 창을 열고 있었다.

오늘은 지우의 대입 결과가 나오는 날이다.

'아, 합격자 명단이 떴구나.'

클릭하기 전, 그녀는 크게 숨을 들이마시며 떨리는 가슴
을 진정시켰다.

'그래, 안 되면 내년에 또 보면 되지.'

큰마음 먹고 클릭한 후 수험 번호를 조심스레 쳐 넣었
다. 무심하게도 낯익은 이름 하나가 나타났다.

「박지우」

"우와!"

호정이 자신도 모르게 두 팔을 번쩍 들고 자리에서 일어

났다. 그러고는 얼른 핸드폰을 들었다.

"지우야, 합격이야, 합격!"

수화기 너머로 지우가 기쁨에 겨워 소리 지르는 것이 들렸다. 방 안에서 방방거리며 뛰어다니는 것 같기도 했다. 그러다가 지우가 목이 메는지 울먹이며 말했다.

[엄마, 고마워. 나 믿어 줘서.]

지우의 말을 듣자 호정의 마음에서도 무언가 울컥 하고 올라오는 것 같았다.

"그래, 정말 고생했어."

전화를 끊은 뒤 호정은 겨우 흥분을 가라앉히고는 과거를 돌아봤다.

'휴우, 남편하고 이혼하고 혼자 잘 키워 보겠다고 그렇게 애를 썼는데. 이제 대학까지 보내고 나니 홀가분하다. 이제 엄마로서 할 도리는 다 한 것 같네…….'

기쁨의 시간이 지나자 왜인지 몸이 나른해지며 지우가 자퇴한다고 하던 때가 떠올랐다.

'그때 지우랑 내가 불안 유형이 다르다는 것을 몰랐다면 아마 끝까지 반대했을 거야. 그럼 쟤 성격에 공부 안 하겠다고 드러누웠을지도 몰라. 돌아보니 지우에게 A 유형 방식을 알려 주면서 전적으로 밀어주길 잘한 것 같네. 시

험을 목전에 두고 어찌나 열심히 하던지…… 정말 다행이
야.'

똑똑.

"네, 들어와요."

"선생님, 오후 진료 예약이 변동되어서요."

호정은 방에 들어온 수간호사와 잠시 이야기를 나누었다.

"알겠습니다. 저, 그런데 선생님, 요즘 뭔가 좋은 일이라
도 있으세요?"

"아, 우리 지우 대학 합격했어요."

"어머나, 축하드려요. 너무 잘 됐네요. 그런데 제가 말씀
드린 의미는…… 뭐랄까, 굉장히 여유로워지셨달까, 뭔가
깊이가 생기신 느낌이 들어서요."

그녀는 평소 호정에게 업무 외에 불필요한 말을 하지 않
는 사람이었다. 공과 사가 분명한 그녀가 사적인 이야기를
하자 호정은 내심 놀랐다.

"어머, 그래요? 칭찬 고마워요."

"음, 굉장히 멋있게 보여요."

수간호사는 생긋 웃고는 진료실 문을 열었다. 때아닌 칭
찬에 호정의 마음이 뿌듯함으로 가득 찼다.

호정은 잠시 책상에 놓인 거울을 들여다봤다. 그 속에

비친 자신의 모습은 확실히 여유롭고 안정되어 보였다. 그녀는 의자에 깊숙이 몸을 묻고 눈을 감았다. 그러고는 나선형으로 성장해 나가며 점점 멋지게 변화해 가는 자신의 모습을 그려 보았다. 마침내 미래의 자기 모습이 그려지자 호정의 가슴이 따뜻하게 달아오르는 것만 같았다.

충만한 미소를 머금고 있는 그녀의 얼굴에 반짝거리는 빛이 맴돌고 있었다.

감사의 말

이 책을 완성할 수 있도록 지지해 주신 『더 해빙The Having』의 독자들과 이서윤 인스타그램(@suhyoon.lee) 및 페이스북(facebook.com/SuhYoonLeepage) 팔로워 분들께 깊은 감사를 드립니다.

아울러 이 책을 쓰는 동안 자문해 주신 이덕환 서강대학교 화학·과학커뮤니케이션 명예교수님께 감사하다는 말씀을 전합니다. 특히 엔트로피와 소산구조 이론을 정리하는데 있어 큰 도움을 주셨습니다.

마지막으로 책을 쓰는 내내 곁에서 힘이 되어 준 가족들에게도 사랑과 감사를 전합니다.

이서윤, 홍주연

참고문헌

chapter 4

Johnson Athletics Center. *MIT Doctoral Hooding 2017*, June 8, 2017, Video, 1:35:41, https://www.youtube.com/watch?v=xxcJzv_sgHg.

박찬휘. "파산 위기에서 업계 2위로" …AMD 구원자 리사 수의 성공스토리 [비하인드 인물열전] 한경 글로벌마켓. 2024.1.22.

chapter 6

김동욱. 카이사르의 행운 김동욱 기자의 역사책 읽기(블로그), 2015.6.1. https://blog.naver.com/maximilian1/220376406170.

chapter 7

Richard Branson. *The Virgin Way: Everything I Know About Leadership* NY: Portfolio, 2014.

chapter 10

리사 펠드먼 배럿. 감정은 어떻게 만들어지는가? 최호영 역, 서울: 생각연구소, 2017.

폴커 키츠, 미누엘 루쉬. 마음의 법칙: 사람의 마음을 사로잡는 51가지 심리학 김희상 역, 서울: 포레스트북스, 2022.

chapter 12
이나모리 가즈오. 왜 일하는가: 지금 당신이 가장 뜨겁게 물어야 할 첫 번째 질문 김윤경 역, 파주: 다산북스, 2021.

chapter 13
Oprah Gail Winfrey. *What I Know for Sure* NY: flatiron books, 2014.

chapter 17
스티븐 M. 플레밍. 나 자신을 알라 배명복 역, 서울: 바다출판사, 2022.

chapter 19
Shane Greenstein. *Luck: What is the luckiest business break ever?*, Quora, 2015, https://www.quora.com/Luck-What-is-the-luckiest-business-break-ever.

chapter 20
애나 메리 로버트슨 모지스. 인생에서 너무 늦은 때란 없습니다: 모지스 할머니 이야기, 류승경 역, 파주: 수오서재, 2017.

chapter 21
사마천. 사기열전 1,2 세트 김원중 역, 서울: 민음사, 2020.
박종구. 노인 재상 공손홍, 광주일보, 2016.1.19.

chapter 22
캘빈 S. 홀, 버논 J. 노드비. 융 심리학 입문 김형섭 역, 서울: 문예출판사, 2004.
김문조. 복잡계 패러다임의 특성과 전망, 한국과학기술연구 통권 제6호: 1-27, 2003.

chapter 26
벤 호로위츠. 하드씽: 경영의 난제를 푸는 최선의 한 수 안진환 역, 서울: 한국경제신문사, 2021.

chapter 28

올더스 헉슬리. 멋진 신세계 안정효 역, 서울: 소담출판사, 2015.

데이비드 T. 코트라이트. 중독의 시대: 나쁜 습관은 어떻게 거대한 사업이 되었
는가? 이시은 역, 서울: 커넥팅, 2020.

chapter 29

에크하르트 톨레. 에크하르트 톨레의 이 순간의 나 최린 역, 서울: 센시오, 2019.

틱낫한. 틱낫한 명상: 살아가는 모든 순간을 기적으로 바꾸는 이현주 역, 서울:
불광출판사, 2013.

Plum Village App. *Mindfulness, skillfulness and a Love Letter | Thich Nhat Hanh*,
January 16, 2021, Video, 16:05, https://www.youtube.com/watch?v=Bfd_
a7Oz_eo&t=7s.

chapter 30

대커 켈트너. 경외심: 일상에서 맞닥뜨리는 경이의 순간은 어떻게 내 삶을 일으
키고 지탱해주는가 이한나 역, 서울: 위즈덤하우스, 2024.

J. Stellar, N. John-Henderson, Craig L. Anderson, Amie M. Gordon, Galen
D. McNeil, D. Keltner. *Positive affect and markers of inflammation: discrete
positive emotions predict lower levels of inflammatory cytokines*, SEMANTIC
SCHOLAR, 2015.

Jane Goodall, Phillip Berman. *Reason for Hope: A Spiritual Journey* New York
City: Grand Central publishing, 2000.

chapter 33

이덕환. 열역학의 새 패러다임: 가역과 평형에서 비가역과 비평형으로 서울: 자
연과학 가을 제15호, 2003.

chapter 35

일리야 프리고진, 이사벨 스텐저스. 혼돈으로부터의 질서: 인간과 자연의 새로
운 대화 신국조 역, 파주: 자유아카데미, 2011.

이덕환. 흩어지는 구조(무산구조, 소산구조) 서울: 범양사 과학사상 제28호, 1999.

신국조. 비평형 열역학과 프리고진 서울: 범양사 과학사상 제4호, 1992.

김용정. 엔트로피법칙과 프리고진의 산일구조 서울: 범양사 과학사상 제16호, 1996.

chapter 36

월터 아이작슨. 스티브잡스 안진환 역, 서울: 민음사, 2015.

Randall Stross. *What Steve Jobs Learned in the Wilderness,* NYTIMES, Oct 2, 2010.

chapter 38

트리나 폴러스. 꽃들에게 희망을 김석희 역, 서울: 시공주니어, 1999.

chapter 43

Richard Feloni. *"Before billionaire LinkedIn founder Reid Hoffman met Peter Thiel in college, the 'pinko commie' had heard of the 'libertarian wacko' — now, they've been friends for 30 years"* BUSINESS INSIDER. Nov 22, 2017.

chapter 44

에드워드 기번. 로마제국 쇠망사 송은주 역, 서울: 민음사, 2008.

시오노 나나미. 로마인 이야기 1 김석희 역, 파주: 한길사, 1995.

레이 달리오. 원칙 *PRINCIPLES* 고영태 역, 서울: 한빛비즈, 2018.

chapter 48

벤 몽고메리. 할머니, 그만 집으로 돌아가세요 우진하 역, 서울: 책세상, 2016.

chapter 51

R. FROST. 불과 얼음 정현종 역, 서울: 민음사, 1997.

이서윤

대한민국 상위 0.01%가 찾는 행운의 마스터. 세계 최대 출판그룹인 펭귄랜덤하우스에서 선출간한 그녀의 저서 『더 해빙The Having』은 미국을 비롯해 프랑스, 이탈리아, 일본 등 전 세계 20개국 이상의 국가에서 출간되어 총 50만 부 이상 판매되었다. 이 책은 또 교보문고, 예스24, 알라딘 등에서 연간 종합베스트셀러 1위(2020년)에 올랐다.

이서윤은 운에 대한 깊은 통찰과 삶을 바라보는 따뜻한 시선으로 전 세계 독자들의 열렬한 지지를 받고 있다. 버락 오바마 미 대통령의 출판 에이전트였던 제인 디스털은 이서윤의 에이전트를 자처하며 "삶을 살아가는 방식에 대해서 새로운 시각을 제시한다."고 말했다.

『미라클』, 『호오포노포노의 비밀』의 저자 조 비테일은 『더 해빙』에 대해 "삶에 대해 다른 자세를 갖도록 도와주는 책"이라며 "내가 오랜 기간 읽은 것 가운데 최고"라는 찬사를 보낸 바 있다.

이서윤은 사주와 관상에 능했던 할머니의 발견으로 일곱 살 때 운명학에 입문했다. 할머니가 본 어린 손녀의 운명은 행운을 불러오는 것이었다. 할머니의 지원과 이서윤의 신념으로 주역과 명리학, 자미두수, 점성학 등 동서양의 운명학을 빠짐없이 익혔고, 10만 건의 사례를 과학적으로 분석했다. 이후 연세대 경영학과와 서울대 행정대학원에 진학해 세상에 필요한 공부를 했으며, 미국과 유럽 등지를 오가며 세계적인 대가들과 교류해 내공의 깊이를 더했다. 그녀에게 자문을 구하는 이들은 대기업 오너와 주요 경영인 등 상위 0.01%에 해당하는 사람들이다.

그녀의 책을 읽은 미국과 유럽, 아시아의 독자들은 "내 인생을 바꿨다!", "큰 행운이 찾아왔다.", "죽기 전에 꼭 한 번 만나보고 싶다."며 그녀의 가르침을 따르고 있다.

개명 전 이름은 이정일. 저술한 책으로는 『더 해빙』을 비롯, 『오 래된 비밀』, 『운, 준비하는 미래』 등이 있다.

이서윤 인스타그램_ @suhyoon.lee

홍주연

연세대 사회학과를 졸업한 뒤 중앙일보 사회부와 산업부 등에 서 10년 가까이 기자로 일했다. 기자 생활을 정리하고 미국 펜 실베니아 대학 와튼스쿨The Wharton School에서 경영학 석사MBA 를 받은 뒤 경영 컨설팅 회사 맥킨지McKinsey&Company에서 대외 협력 담당 이사로 근무했다.

기자로 일하던 시기 이서윤을 인터뷰하면서 처음 만났고, 이후 『더 해빙』을 함께 썼다. 이서윤의 가르침을 통해 운의 흐름을 타 고 '더 나은 나'로 성장해 가는 과정을 직접 경험한 뒤 『운명이 건네는 호의, Favor』를 집필했다.

운명이 건네는 호의, Favor

1판 1쇄 발행 2024년 10월 2일
1판 6쇄 발행 2024년 10월 4일

지은이 이서윤 홍주연
발행처 (주)후플렉스
발행인 이서윤 홍주연
디자인 studio forb
제작 (주)공간코퍼레이션
주소 경기도 용인시 기흥구 동백죽전대로 444, 씨602-에스17호(중동, 쥬네브)
출판등록 2024년 7월 23일 (제2024-000109호)
전자우편 info@whiteocean.kr
홈페이지 www.whiteocean.kr
ISBN 979-11-988901-0-8 03320